좋은 삶을 위한

가치 수업

서울대 행복연구센터 가치 교과서 연구팀 기획

좋은 삶을 위한

가치 수업

이석재 · 김재헌 · 오아론 · 조민수 지음

북하우스

차례

4장 모두에게 최선인 일을 해야 할까?
공리주의

5장 어떤 동기로 행동해야 할까?
의무론

6장 어떤 사람이 될 것인가?
덕 윤리

가치 수업을 시작하며

'가치' 혹은 '윤리'라고 하면 왠지 무겁습니다. 질책의 전조라고 할까요. 가르치려 들 것 같고 결론은 나지 않습니다. 윤리와 가치에 관한 대화는 이런 이유로 어렵습니다. 가까운 사이라도 꺼려지지요.

그러나 가치만큼 중요한 것이 있을까요? 식상한 표현이지만 가치는 삶의 원동력입니다. 왜 사느냐고 묻는다면 이유가 있습니다. 행복, 가족, 건강, 자아실현, 돈 등이 등장합니다. 각양각색의 답이지만 공통점이 있습니다. 모두 삶의 목적에 해당됩니다. 그런데 이 목적들은 좋은 것이기에 추구합니다. 좋지 않으면 추구하지 않겠지요. 가치는 이런 의미에서 삶을 끌어가는 엔진입니다. 대충 사는 것이 아니라 훌륭한 삶을 살고자 하면, 무엇이 정말로 좋으냐는 질문은 피할 수 없습니다.

윤리도 이 못지않게 중요합니다. 우리는 살면서 여러 가지 고통을 겪습니다. 가장 괴로운 고통 중 하나는 부당한, 옳지 못한 일을 당하는 일입니다. 인간으로서의 존엄성이 존중되지 않을 때 우리는 모멸감을 느끼며, 이 고통은 실제 몸을 다치는 것만큼 아픕니다. 무시하는 듯한 말 한마디에 온종일 기분이 나빴던 불쾌함은 모두 느껴보았을 것입니다. 윤리적인 배려는 필수적입니다.

이렇듯 가치와 윤리는 우리 삶에 직접적인 영향을 미칩니다. 그런데 우리는 얘기 나누기를 꺼려합니다. 이 책의 목적은 이러한 상황을 바꾸는 데에 있습니다. 물론 얘기를 나누는 것이 우리에게 도움이 된다는 전제하에서 말입니다.

대화가 어떤 도움이 될까요? 대화가 왜 가치 있는지 설명이 필요합니다. 우리는 수학이나 공학 문제의 답에 익숙해져 있습니다. 과학·기술이 그 어느 시기보다 부각되고 있기 때문일지도 모르겠습니다. 그래서 공학적인 답이 나오지 않을 때 답답해합니다. 이런 답이 주어지지 않으면 답이 없다고 포기합니다. 그러나 세상살이의 문제들이 똑같은 것은 아닙니다. 문제에 따라 답의 형태도 다르지요. 물론 수학이나 공학의 답이 갖는 매력을 부정하자는 것은 아닙니다.

수학이나 공학의 답은 이해가 되는 한에서 보편적 동의를 요구합니다. 삼각형 내각의 합이 180도임을 보이는 증명을 앞에 두고

179도일 수 있다고 고집하는 사람은 많지 않습니다. 혹시 그런 사람이 있다고 해보죠. 우리는 어떻게 반응할까요? 일단 증명을 이해하지 못했다고 생각할 겁니다. 이해를 분명히 했다고 하면서 여전히 180도임을 부정한다면, 상황은 난감합니다. 완벽한 이해를 주장하며 179도임을 계속 우긴다면, 그 강도에 비례하여 우리는 이 사람의 합리성, 더 나아가 사고력을 의심할 것입니다. 그리고 중요한 것은 "아, 이 사람이 다루는 삼각형들의 경우, 그 내각의 합이 179도일 수도 있겠지" 하고 인정하지 않는다는 것입니다. 미안하지만 이 사람의 주장은 정답으로부터 벗어났으며, 삼각형 내각의 합이 179도일 가능성이 없다고 모두 확신합니다. 삼각형 내각의 합이 180도라는 사실은 이렇게 보편적 동의를 요구합니다.

이러한 답을 윤리학에서도 기대한다면 실망하게 됩니다. 비슷한 답을 허락하지 않기 때문이지요. 문제를 푸는 사람의 잘못이 아니라, 문제 상황이 다르기 때문입니다. 인간 지성은 막대한 힘을 발휘하여 달에 사람을 보내고 우주의 기원을 밝혀주는 망원경을 개발했습니다. 과학 기술이 이렇게 발전했음에도 몇천 년째 우리는 해묵은 고민에서 벗어나지 못하고 있습니다. 여전히 힘이 세다고 타인을 무시하고 작은 이득을 위해 남을 가차없이 속입니다. 여전히 욕심을 채우기 위해 사람을 죽이고 전쟁을 도모합니다. 어떻게 사는 것이 좋은지, 어떤 삶이 바른지 고민하는 현대인은 춘추전국시대나 고대 희랍의 인류 조상들과 크게 다르지 않습니다. 이 상황이 가치와 윤리에서 추구하고 있는 답은 그 성격이 다르다는 사실을 간접적으로 드러내주고 있습니다. 지식이나 지혜가 축적된다는 느낌이 없고, 답답하고 포기하고 싶어집니다.

왜 이런 일이 벌어질까요? 삼각형 논의로 돌아가보겠습니다. 내각의 합 증명은 지성의 결여라는 낙인을 찍겠다고 위협하며 동일한 답에 합의하라고 요구합니다. 이 힘은 보편타당한 전제들과 논리적 타당성에서 옵니다. 평행선을 이루는 동위각과 엇각은 같다는 사실을 받아들이면, 삼각형 내각의 합이 180도임을 부정할 수 없습니다. 아쉽게도 윤리와 가치에서는 이러한 탄탄한 전제들, 부인하려야 부인할 수 없는 전제들이 주어져 있지 않습니다. 가장 기본적인 전제들을 두고도 우리는 핏대를 세웁니다. 이 책에서 다루어질 주제들이 이 상황을 여실히 보여줄 것입니다.

아쉬운 상황이지만 실상이 이러합니다. 보편타당한 전제의 역할을 할 공리는 찾아지지 않고 서로 상반된 입장을 주장하는 사람들은 양보할 생각이 없습니다. 상황이 이렇게 좋지 않다는 것을 플라톤은 이미 기원전 4세기에 파악했습니다. 그렇다면 이러한 상이함, 의견 불일치를 확인한 이상 대화는 무슨 소용일까요?

상황을 조금 더 자세히 살펴봅시다. 상충하는 입장들 가운데 나머지들을 제치고 우뚝 솟아나는 공리 중의 공리는 왜 가치 영역에서 없을까요? 각각의 입장들이 나름 설득력이 있기 때문입니다. 몇 번의 공격에 스러질 주장이었다면 고대 아테네인 사이에서 이미 도태되어 우리에게 전달되지 않았을 것입니다.

윤리와 가치를 둘러싸고 길게 이어져온 인류의 대화는 상이한 직관들이 나름 합리적이라는 사실을 드러냅니다. 대화를 나누다 보면 상대편 입장이 애초의 생각보다 그럴듯하다는 사실을 알게 됩니다. 공감까지는 아니더라도 저쪽에선 왜 그렇게 생각하는지, 어떤 이유들이 있는지 보다 선명하게 드러납니다. 여전히 내 생각을 포기할 수는 없지만 저쪽 역시 나름 합리적일 수 있다는 인정이 가능해집니다. 그렇다고 모든 입장을 다 받아들이는 것은 아닙니다. 얘기를 나누다 보면 아무리 생각해보아도 받아들일 수 없는 주장도 등장합니다. 많은 이들이 문제의식을 공유할 때 우리는 안전하게 이 입장을 받아들일 수 없는 것으로 배제합니다. 극단적이고 불합리한 주장이 폐해를 낳는 일은 이렇게 방지됩니다. 대화의 순기능입니다.

그러나 대화의 핵심은 배제보다는 인정입니다. 인정의 선물은 동반자이고요. 좋은 삶을 찾아 외로이 가치의 숲속을 헤매고 있는데 갑자기 동반자를 만난 셈이지요. 헤맨다고 우습게 보지 않고, 내가 혼자가 아님이 기뻐서 동반자를 반깁니다. 그 사람이 걸어온 길을 묻게 되고 서로 정보를 교환합니다. 때로는 설득이 되어 그 사람을 따라 걷게 되고, 때로는 그 사람이 설득되어 나를 따릅니다. 생각이 꼭 같을 필요는 없습니다. 같았다면 처음부터 같이 있었을 것입니다. 같이 고민하고 있다는 사실 자체가 위안이고 인정의 근거가 됩니다. 인정은 동반자 의식의 출발점입니다. "당신도 고민을 하고 있었군요. 반갑습니다." 인간으로 태어났기에 가치와 윤리라는 고민을 등에 지고 있습니다. 역설적이게도 이 짐이 우리를 가장 인간답게 만듭니다. 같은 짐을 지고 있다는 의식은 서로를 위로하고, 격려하고, 고무시킵니다. 선물은 또 있습니다. 대화를 통해 우리는 조금씩 서로의 입장을 조정해가며 함께 설 수 있는 공통의 자리를 찾습니다. 가치의 숲에서 윤리 공동체가 생겨납니다.

대화는 이러한 의미를 가집니다. 그래서 우리는 대화를 해야 합니다. 대안은 없습니다. 윤리와 가치에 대한 대화를 활성화하기 위해, 좋은 삶을 찾는 동반자를 찾기 위해, 윤리공동체를 만들기 위해, 저자들은 이 책을 썼습니다.

이러한 목적을 실현하고자 한다면 책은 세 가지 조건을 만족해야 합니다. 첫째, 대화를 나눌 때 공통으로 쓰는 언어와 개념들이 분명해야 합니다. 기본 개념에 대한 이해가 다르면 대화는 헛바퀴를 돌게 됩니다. 둘째, 다양한 문제에 대해 어떤 입장들이 있는지 잘 드러나야 합니다. 나의 생각과 비슷한, 혹은 먼 입장이 무엇인지 알아야 스스로의 입장도 분명해지고 자리를 잡을 수 있습니다. 그리고 서로의 입장이 분명해져야 대화가 활발해집니다. 셋째, 논의가 지나치게 어렵거나 추상적이어서는 안 됩니다. 독자들이 흥미를 잃어선 안 되기 때문입니다. 대화에 나서기도 전에 재미가 없으면 안 되고, 논의가 나의 삶과는 상관이 없는 얘기라 느껴져서도 안 됩니다.

이 조건들을 각별히 유의하여 저자들은 글을 준비하였고, 각각의 장은 중요한 개념, 입장, 그리고 현실 적용 가능성을 염두에 두고 집필되었습니다. 물론 주제 선정 자체에도 많은 공을 들였습니다. 이 책에서 소개하고 있는 각각의 주제들이 어떤 이유로 선정되었는지, 여기서 짧게나마 짚고 넘어가겠습니다.

윤리학은 넓은 분야라서 소개를 할 때 모든 주제를 다루기 어렵습니다. 내용이 너무 방대하면 소개 받는 사람이 지칩니다. 그래서 중요하다고 생각되는 주제 여섯 개를 골랐습니다. 이 주제들은 크게 두 부류로 나뉩니다.

첫 번째는 판단을 내리고 행동을 하기에 앞서 도대체 윤리라는 것이 인간에게 가능한지를 물어보는 주제들입니다. 가치라는 것 자체가 객관적일 수 있는지, 자유의지를 발휘하여 도덕적 책임의 주체가 될 수 있는지, 또한 타인을 진정으로 위할 수 있는지 등의 주제들이며 1장부터 3장까지가 이 주제들을 다루고 있습니다. 이 문제들은 우리가 누군가를 윤리적으로 칭찬하고 비난하기 이전에 만족되어야 할 조건들이 어떤 것들인지를 살피고 있습니다.

두 번째 부류는 우리가 구체적으로 판단하고 행동할 때 어떤 규칙 혹은 규범을 따르는 것이 좋은지를 다루고 있습니다. 윤리적이고자 할 때 우리가 따라야 하는 규범이 과연 있는지, 있다면 어떤 것인지를 탐구하는 윤리학의 하위분야가 규범윤리학입니다. 4장부터 6장까지는 규범윤리학의 세 가지 대표적인 입장인 공리주의, 의무론, 덕 윤리를 소개하고 그 장단점을 논의합니다. 이제 각 장의 주제를 조금만 더 자세하게 살펴봅시다.

1장은 가치의 본질을 다루고 있습니다. 윤리에서 가치의 문제는 핵심입니다. 가치에 대한 기본적인 이해를 도모하기 위해, 보다 구체적으로 세 가지 문제를 다루고 있습니다. 먼저 가치 판단이 사실 판단과 어떻게 다른지를 살펴봅니다. 두 번째로 수단으로서의 가치와 목적으로서의 가치가 어떻게 다른지를 따져보며 인생의 궁극적 목적, 가치 등에 관해 생각해봅니다. 마지막으로 가치는 우리가 가치 있다고 여기기 때문에 가치 있는 것인지, 아니면 가치 있는 것이기에 우리가 가치 있다고 여기는지의 문제를 다루어봅니다.

2장은 자유 의지와 결정론의 문제를 다룹니다. 어떤 행동에 대한 책임을 묻기 위해서는 우리는 보통 그 행위가 자유롭게 이루어져야 한다고 생각합니다. 그러나 과학적 성과는 우리 행동이 자연법칙의 지배를 받고 있다는 사실을 알려줍니다. 자연법칙의 지배를 받아 모든 행동이 결정되어 있다면, 과연 도덕적 책임을 물을 수 있을지의 문제는 윤리학과 관련된 큰 고민입니다.

3장은 남을 고려하고 배려해야 하는 이유가 있는지를 살펴봅니다. 남을 배려하지 않고 오로지 본인의 안녕과 이익만 목표로 삼겠다는 입장은 윤리적 논의에서 큰 장애가 되기 때문입니다. '윤리적인 고려'가 궁극적으로 자신에 대한 집착을 넘어서서 다른 사람을 자신만큼 배려하는 것을 의미한다고 할 때, 과연 우리에게 이렇게 해야 할 이유가 있는지를 살펴보려고 합니다.

4장에서는 공리주의를 살펴봅니다. 결과주의의 한 형태인 공리주의는 어떤 행동과 관련된 자들을 모두 동등하게 고려했을 때 최선의 결과를 가져오는 행동이 옳다고 주장합니다. 공리주의의 장단점을 함께 고민하고자 합니다.

5장에서 다루는 의무론은 행동의 결과만이 아니라 그 동기 역시 윤리적으로 중요하게 고려해야 하며, 결과의 좋고 나쁨과 상관없이 지켜야 할 원칙이나 의무가 있다는 주장입니다. 이 장에서도 역시 의무론의 장단점을 함께 살펴볼 것입니다.

6장에서는 덕 윤리를 살펴봅니다. 덕 윤리에 따르면, 윤리적 상황은 너무나 다양해서 특정한 원칙을 모든 상황에 적용하려고 할 때 충돌이 발생합니다. 그래서 훌륭한 도덕적 판단과 행동을 할 수 있는 능력, 곧 덕을 키우는 것이 윤리적 삶을 구현하는 가장 좋은 방법이라고 제안하고 있습니다.

이 책은 플라톤아카데미의 지속적이고 열정적인 지원이 있었기에 가능했습니다. 특히 이런 책은 쓰기 힘들다고 계속 거부 의사를 피력하던 필자를 독려하고 설득한 플라톤아카데미의 역할이 결정적이었습니다. 책을 써보겠다는 결심이 섰을 때 연구팀을 구성할 수 있도록 지원해주고 '행복교과서'에서 얻은 다양한 경험을 공유

해준 서울대학교 행복연구센터에도 감사를 표합니다. 방향을 못 잡고 있을 때 초고를 읽고 소중한 의견을 제시해주신 교사분들께도 감사드립니다. 따뜻한 조언으로 출발부터 함께 해주신 서울대 철학과 한성일 교수님께도 감사드리고, 무엇보다 집필진으로 참여해준 김재헌, 오아론, 조민수 선생님께 깊은 감사를 드립니다.

이석재

1장

가치란 무엇일까?

훌륭한 삶에 대한 고민

사실 판단과 가치 판단

다온이와 정원이는 어려서부터 절친한 사이였으며 어른이 된 지금까지도 각별한 관계를 이어오고 있습니다. 둘은 종종 여행을 같이 다녔는데, 올 여름에는 프랑스 파리로의 여행을 계획하고 있는 중입니다. 학창 시절에 둘은 제2외국어로 프랑스어를 공부하면서 언젠가 반드시 프랑스 파리 여행을 함께 가겠노라 다짐을 한 터였습니다. 벚꽃이 흐드러지게 핀 어느 봄날, 둘은 카페 테라스에 앉아 시원한 아이스티를 마시며 여행 계획을 의논하기 시작했습니다.

다온이가 먼저 말했습니다. "오랜만에 여행을 떠나려니 너무 설렌다. 이제 슬슬 구체적인 여행 계획을 짜야 할 것 같은데 우리 어디서부터 시작할까?"

정원이가 말했습니다. "그러게. 코로나 사태가 있고서 해외여행은 처음인 것 같아. 일단 파리라고 하면 바로 떠오르는 관광지들을 한 번 가볍게 이야기해볼까?"

"좋아. 나는 아무래도 루브르 박물관이 가장 먼저 떠오르는 것 같아. 루브르 박물관에는 그 유명한 〈모나리자〉가 있거든. 꼭 한 번 직접 감상해보고 싶어. 그 다음에는 오르세 미술관이 생각나. 빈센트 반 고흐, 에두아르 마네 그리고 장 프랑수아 밀레와 같은 유명한 화가들의 작품을 소장하고 있는 곳이야. 마지막으로 노트르담 대성당도 빠트릴 수 없지."

"역시 너는 예술작품들에 관심이 많구나. 마네나 밀레 같은 화가들은 조금 생소하지만 〈모나리자〉는 나 같은 예술 문외한도 들어본 적이 있는 그림이야. 레오나르도 다빈치의 그림 아니야? 너무 유명해서 한 번 직접 보고 싶기는 하더라. 그러면 루브르 박물관은 꼭 방문하는 것이 좋겠다. 그리고 나는 조금 뻔하기는 하지만 에펠탑도 꼭 보고 싶어. 에펠탑을 배경으로 근사한 기념사진을 한 장 찍고 싶었거든. 그리고 하나 더 꼽는다면 샹젤리제 거리. 간 김에 쇼핑도 조금 하고 말이야."

"우리가 예약한 비행기가 파리 샤를 드골 공항에 도착하는 시간은 오후 6시 30분쯤이야. 알아보니까 공항에서 루브르 박물관까지는 전철로 30~40분 정도가 소요된대. 그러면 우리 이렇게 하는 게 어떨까? 숙소를 루브르 박물관 근처에 잡고 첫 날은 숙소에서 짐을

풀고 쉬자. 그리고 둘째 날 아침부터 루브르 박물관을 관람하는 거야. 루브르 박물관 개관 시간은 오전 9시야."

"좋은 생각이야. 그리고 지도를 살펴보면 루브르 박물관하고 오르세 미술관 그리고 노트르담 대성당은 모두 가까이 있더라. 오전에 루브르 박물관을 둘러보고 오후에는 오르세 미술관이나 노트르담 대성당을 방문해보는 것이 어떨까?"

"음… 그런데 오전에 루브르 박물관을 다 둘러보는 것은 벅차지 않을까? 나는 오전에 일찍 입장해서 하루 종일 관람해도 시간이 모자랄 것 같다고 생각했거든."

"물론 루브르 박물관을 충분히 상세하게 관람하려면 시간이 턱없이 부족하겠지. 하지만 우리가 파리를 자주 갈 수 있는 것도 아닌데 하루 종일 루브르 박물관만 보는 것은 시간이 조금 아깝지 않을까? 나는 멀리 간 김에 기왕이면 최대한 여러 관광지를 둘러보는 것이 좋다고 생각해."

"내 생각은 조금 달라. 무리하게 여러 군데를 방문하기보다는 한 곳이라도 제대로 관람하는 것이 좋다고 생각해. 설령 일정 때문에 다른 곳을 포기하게 되더라도 나는 충분한 시간을 들여서 루브르 박물관을 관람하는 것이 좋을 것 같아."

"그렇구나. 루브르 박물관 관람이 그 정도의 가치가 있다는 말이지? 그러면 혹시 〈모나리자〉 말고 루브르 박물관에 또 어떤 유명한 작품들이 있는지 미리 알려줄 수 있어?"

"물론이지. 루브르 박물관에는 소위 3대 소장품이라고 불리는 것이 있어. 〈모나리자〉는 그중 하나고. 다른 둘은 모두 고대 그리스 시대의 조각상인데 그중 하나는 사랑과 미의 여신을 묘사한 밀로의 비너스 상이고 나머지 하나는…."

파리 여행 계획을 세우면서 다온이와 정원이는 점점 커지는 기대감에 밤이 깊어가는 줄도 몰랐습니다.

• • •

삶은 여행과도 같습니다. 낯선 도시로 여행을 떠날 때 우리는 그 도시의 지리나 교통수단 등에 관해서 꼼꼼하게 사전조사를 할 필요가 있습니다. 다온이와 정원이가 비행기의 도착 시간, 숙소의 위치, 박물관의 개관 시간 등을 확인하는 것은 모두 이러한 사전조사의 일환입니다. 하지만 사전조사보다도 더욱 중요한 것은 그래서 결국 어느 곳을 방문할 것인지를 결정하는 것입니다. 그리고 다온이와 정원이의 의견 사이에 중요한 불일치가 발생하는 지점은 바로 이러한 결정 과정에 있습니다.

정원이는 “멀리 간 김에 기왕이면 최대한 여러 관광지를 둘러보는 것이 좋다”라고 생각합니다. 반면에 다온이는 “무리하게 여러 군데를 방문하기보다는 한 곳이라도 제대로 관람하는 것이 좋다”라고 생각하지요. 다온이와 정원이는 이 두 가지 의견 사이에서 어떤 하나를 선택해야만 합니다. 그리고 이 선택이야말로 다온이와 정원이가 어떤 여행을 경험할 것인지에 있어서 핵심적인 역할을 수행합니다.

우리의 삶도 마찬가지입니다. 훌륭한 삶을 살아가기 위해서 우리는 삶의 많은 부분에 대해서 말하자면 “사전조사”를 해야 합니다. 우리에게 어떤 진로가 펼쳐져 있는지, 각각의 진로를 선택했을 때 구체적으로 어떤 삶을 살게 되는지 그리고 그러한 삶을 살아가기 위해서 준비해야 할 것은 무엇인지에 대해서 알아두려고 미리 노력해야 하지요. 하지만 이러한 사전조사보다 더욱 중요한 것은 그래서 결국 어떠한 삶을 살 것이냐를 선택하는 것입니다.

이처럼 중요한 선택의 순간에서 우리의 판단기준이 되는 것 중 하나가 바로 '좋음'입니다. 다온이와 정원이는 여행 일정을 어떻게 짜는 것이 좋을지 의논하였습니다. 마찬가지로 우리는 우리의 삶을 어떻게 꾸려나가는 것이 좋을지 고민합니다. 사실 우리 삶의 매 순간은 이러한 고민으로 가득 차 있다고 봐도 과언이 아닙니다. 당장 오늘 하루는 어떻게 보내는 것이 좋을까요? 내일은 무엇을 하며 지내는 것이 좋을까요? 장차 어떤 꿈을 위해 노력하는 것이 좋을까요? 이러한 질문들을 맞닥뜨릴 때 우리는 좋음에 대해 깊이 고민하면서 과연 무엇이 현명한 판단일지를 궁리합니다.

이처럼 좋음과 관련하여 우리가 내리는 판단들은 이른바 가치 판단에 해당합니다. 가치 판단은 사실 판단과 대비됩니다. 사실 판단은 무엇이며 가치 판단은 무엇일까요? 몇 가지 예시를 살펴보도록 합시다.

(다온이) 빈곤국에 기아를 겪는 사람들이 있어.

(정원이) 빈곤국에 기아를 겪는 사람들이 있다는 것은 좋지 않은 일이야.

먼저 다온이의 문장을 볼까요? 다온이는 우리를 둘러싼 세상에 대해서 말하고 있습니다. 세상의 어떤 사람들은 상대적으로 부유한 국가에서 태어나 풍족한 생활을 하는 반면에 다른 어떤 사람들은 빈곤국에서 태어나 기아를 겪기도 합니다. 이는 많은 사람들이 직접 보고 들은 바에 의해서 확인할 수 있는 전 지구적 사실입니다. 이처럼 우리의 경험을 통해서 분명하게 확인되고 검증될 수 있는 사실을 기술하는 판단을 우리는 사실 판단이라고 부릅니다.

그런데 다온이는 사실을 건조하게 기술하고 있을 뿐 그에 대한 평가를 내리지는 않고 있습니다. 빈곤국에 기아를 겪는 사람들이 있다는 사실에 대해서 우리는 어떠한 태도를 취해야 하는 것일까요? 이는 긍정적인 사실인가요? 아니면 부정적인 사실인가요? 빈곤국에 기아를 겪는 사람들이 있다는 사실은 우리로 하여금 어떻게 행동하도록 촉구하나요? 이러한 질문들에 다온이는 전혀 대답하고 있지 않습니다. 다온이는 다만 빈곤국에 기아를 겪는 사람들이 있다는 사실을 담담하게 밝히고 있을 뿐입니다.

반면에 정원이는 다온이가 말하는 사실에 대해서 평가를 내리고 있습니다. 빈곤국에 기아를 겪는 사람들이 있다는 것은 좋지 않은 일이라고 말입니다. 그러므로 우리가 만약 세상이 조금이라도 더 좋아지기를 원한다면 이러한 기아 상황을 해결하도록 노력하는 것이 좋겠지요. 예컨대 적은 금액이나마 기부를 한다거나 혹은 빈곤국의 경제 상황 자체를 호전시키는 다른 방법을 모색한다는 식으로 말입니다. 이처럼 평가적 요소를 포함하고 있는 판단을 우리는 가치 판단이라고 부릅니다.

사실 판단과 가치 판단의 구분은 다음의 예시에서도 확인할 수 있습니다.

(다온이) 어떤 사람이 위험한 상황에 처한 다른 사람을 돕고 있어.

(정원이) 이 사람의 행동은 올바른 행동이야.

여기에서 다시금 다온이는 사실 판단을 내리고 있습니다. 어떤 사람이 위험한 상황에 처한 다른 사람을 돕고 있다는 것은 경험을 통해서 확인할 수 있는 사실입니다. 반면에 정원이는 이러한 행동에 대한 평가를 포함하는 가치 판단을 내리고 있습니다. 이 사람의 행동은 윤리적으로 올바른 행동이며 만약 우리가 윤리적으로 올바르고자 한다면 비슷한 상황에서 우리도 마땅히 남을 돕고자 노력해야 할 것입니다. 다음의 예시에서도 마찬가지입니다.

(다온이) 〈모나리자〉는 루브르 박물관에 전시되어 있어.

(정원이) 루브르 박물관에 전시된 〈모나리자〉는 참으로 아름다워.

여기에서 다시금 다온이는 사실 판단을 내리고 있습니다. 레오나르도 다빈치의 그림 〈모나리자〉가 루브르 박물관에 전시되어 있다는 것은 경험을 통해 확인할 수 있는 사실입니다. 반면에 정원이는 〈모나리자〉에 대한 평가를 포함하는 가치 판단을 내리고 있습니다.

정원이는 모나리자는 참으로 아름다운 그림이라고 생각합니다. 그러므로 만약 정원이가 삶 속에서 아름다움을 추구한다면 이렇듯 훌륭한 예술 작품들을 깊이 감상하는 미적 체험을 얻고자 노력할 것입니다.

가치 판단에서 평가의 기준이 되는 요소들, 다시 말해서 좋음, 올바름 그리고 아름다움 등이 바로 가치에 해당합니다. 가치는 우리의 삶에서 몹시 중요한 역할을 수행합니다. 삶과 여행의 이야기로 돌아가봅시다. 사실 관계에 대한 정확한 앎은 현명한 판단을 내리기 위한 선결 조건입니다. 여행을 떠나기 전에 미리 여행지의 지리와 교통수단 등에 대해서 정확히 조사해야 하듯이 말입니다. 만약 잘못된 정보에 근거해서 여행 계획을 짠다면 우리는 현지에서 큰 낭패를 볼 것입니다. 그러므로 우리가 현명한 결정을 내리는 데 있어서 정확한 사실 판단이 수행하는 역할을 결코 과소평가해서는 안 될 것입니다.

그러나 사실 관계를 어느 정도 정확히 파악하고 있다는 전제하에서 우리의 결정을 인도하는 것은 바로 가치 판단입니다. 여행 계획의 핵심은 결국 우리가 어디를 방문하여 무엇을 하는 것이 좋을지를 결정하는 데 있습니다. 삶에 있어서도 마찬가지입니다. 삶을 훌륭하게 가꾸어 나가는 데 있어서 핵심은 결국 우리가 어떤 가치를 추구할 것인지, 그리고 그러한 가치를 어디에서 발견할 것인지를 판단하는 데 있습니다. 우리는 조금이라도 더 좋은 삶을 살고자 노력합니다. 윤리와 도덕이 문제가 되는 사안에서 우리는 되도록 올바른 삶을 살고자 노력합니다. 그리고 아름다움 역시도 다양한 선택의 순간에서 빠질 수 없는 중요한 고려 요소로 간주되곤 하지요.

어떤 가치를 우선시하느냐에 따라서, 그리고 구체적으로 무엇을 가치 있다고 여기느냐에 따라서 우리 삶의 모습이 크게 달라지는 것은 바로 이 때문입니다. 사람들은 저마다 자신만의 가치관을 갖기 마련입니다. 그리고 그 가치관에 의거해서 자신의 삶을 꾸려나가지요. 우리는 바람직한 삶을 사는 사람에 대해서는 건강한 가치관을 지녔다고 말합니다. 반면에 파렴치한 범죄인에 대해서는 잘못된 가치관을 지녔다고 말하기도 합니다. 실로 가치에 대한 고민은 곧 우리가 어떻게 살아갈 것인지에 대한 고민과 크게 다르지 않습니다.

더 얘기할 거리

1 오랜만에 여행을 떠나려는 다온이와 정원이. 여러분은 다온이와 정원이의 의견 중 어느 쪽이 더 옳다고 생각하나요? 멀리 여행을 간 김에 기왕이면 최대한 여러 관광지를 둘러보는 것이 좋다고 생각하나요? 아니면 무리하게 여러 군데를 방문하기보다는 한 곳이라도 제대로 관람하는 것이 좋다고 생각하나요?

2 앞서 우리는 사실 판단과 가치 판단의 구분에 관해서 살펴보았습니다. 사실 판단이란 우리의 경험을 통해서 분명하게 확인되고 검증될 수 있는 사실을 기술하는 판단인 반면에 가치 판단이란 평가적 요소를 포함하는 판단이었습니다. 사실 판단과 가치 판단의 또 다른 예시로는 어떤 것이 있을까요?

3 앞서 우리는 가치의 예시로서 좋음, 올바름, 아름다움을 들었습니다. 이것들 외에 어떤 가치들이 있을까요? 그리고 그중에서 자신에게 가장 중요한 가치는 무엇인가요?

두 번째 이야기

삶의 목적은 무엇일까?
내재적 가치와 도구적 가치

다온이와 정원이는 이제 막 루브르 박물관 근처의 숙소에 도착하여 짐을 풀었습니다. 오랜 시간의 비행을 마친 터라 둘은 꽤 지친 상태였습니다. 무엇보다 배가 많이 고팠습니다. 둘은 숙소 근처의 미리 알아봐둔 레스토랑으로 향했습니다. 그 레스토랑은 숙소에서 몹시 가까울 뿐 아니라 이용자 후기를 모아놓은 웹사이트에서 아주 높은 별점을 받은 곳이었습니다. 음식 맛이 훌륭할 뿐만 아니라 창밖으로 수려한 도시 경관을 감상할 수 있어서 분위기 또한 일품이라는 것이 중평이었습니다. 그런데 정작 식당에 들어가 메뉴판을 보자 문제가 발생했습니다. 음식의 가격이 생각보다 많이 비쌌던 것입니다.

다온이가 먼저 말했습니다. "어쩌지? 감당 못할 정도는 아니지만 그래도 꽤나 부담스러운 가격인걸. 한번 다른 식당을 알아보는 것이 어떨까?"

정원이가 말했습니다. "음… 부담스러운 건 사실이야. 하지만 너무 피곤하고 배고파. 다른 식당 알아보는 것도 일이고, 또 그곳까지 찾아가는 데 한세월이야. 우리 그냥 여기서 식사를 하자."

다온이는 (한편으로는 돈을 아낄 겸 다른 한편으로는 거리 구경도 할 겸) 다른 식당을 찾아가고 싶은 마음이 없지 않았지만, 많이 피곤했던 터라 정원이의 의견을 순순히 따르기로 하였습니다. 전채가 나오고 곧이어 메인 요리가 나왔습니다. 과연 웹사이트의 후기들은 허황된 것이 아니었습니다. 음식들은 모두 훌륭했고 창밖으로 보이는 도시의 야경도 아름다웠습니다. 피곤이 풀리며 가라앉았던 기분도 금세 활력을 되찾았고 둘은 만족스럽게 식사를 즐길 수 있었습니다.

차와 디저트를 먹으면서 정원이가 말했습니다. "식사도 좋고 분위기도 너무 좋다. 여기 오기를 잘한 것 같아."

다온이가 말했습니다. "맞아. 유명한 이유가 있었네. 그래도… 가격이 조금 더 저렴했으면 좋았을 텐데 그 부분은 좀 아쉽다."

"그렇기는 하지만 모처럼 온 여행인데 한 번쯤 사치를 부리는 것도 나쁘지 않다고 생각해. 여행은 기분 좋으라고 가는 것이지 돈을 아끼려고 가는 것은 아니잖아."

"물론 여행의 목적은 즐거운 경험을 누리는 데 있지. 하지만 그 방법은 다양할 수 있잖아. 말하자면 돈을 아끼면서도 얼마든지 즐거운 경험을 누릴 수 있다는 거야."

"즐거운 여행이 되기 위해서 반드시 충분한 돈이 필요하다는 것은 아니야. 다만 우리가 돈을 사용함으로써 쉽고 빠르게 즐거움을 누릴 수 있다면 돈이야말로 우리가 선택할 수 있는 가장 적절한 방법이 되는 것 아닐까?"

"그럴지도 모르겠다. 돈으로 즐거움을 살 수 있다고 생각하니까 어딘지 모르게 씁쓸해지는걸."

"내가 뭐라고 그랬어? 여행은 기분 좋으라고 가는 거라고 했잖아. 괜히 기분 가라앉지 말고. 일단 지금은 이 순간을 즐기자고."

식당을 나온 다온이와 정원이는 근방의 골목길을 산책하기로 합니다. 정원이와 이런저런 얘기를 나누며 걸어가는 와중에도 다온이의 머릿속은 돈과 즐거운 여행에 대한 생각으로 가득합니다.

• • •

우리가 가치 있다고 여기는 것들은 다양합니다. 예컨대 사람의 생명과 그 생명을 유지하기 위해 반드시 필요한 신선한 물, 공기, 식량 등은 모두 가치 있는 것들입니다. 지혜나 용기 같은 덕목들은 물론이거니와 타인과의 우정, 사랑도 물론 가치 있는 것이지요. 앞서 살펴보았듯이 위험에 처한 다른 사람을 돕는 행동, 위대한 예술가의 작품들도 가치를 지닙니다. 너무 희소하여 많은 사람들이 가질 수 없는 귀중한 물건들, 예컨대 보석과 같은 것들도 나름의 가치를 지닙니다. 돈도 결코 빠지지 않습니다. 현대 자본주의 사회를 살아가는 많은 사람들은 돈이야말로 이 세상에서 최고의 가치를 지닌다고 생각할지도 모르겠습니다. 그러나 과연 그럴까요?

'최고의 가치'라는 말에서 엿볼 수 있듯이, 모든 것들이 동등한 가치를 지니는 것은 아닙니다. 때때로 어떤 것은 다른 것들보다 더욱 가치가 있으며, 따라서 더욱 중요하고 추구될 만합니다. 우리가 건강한 가치관을 갖고 삶을 잘 꾸려나가기 위해서는 많은 것들 중에서 어느 것이 더욱 가치 있는지를 잘 가려내는 것이 매우 중요합니다.

옥석을 가려내는 한 가지 좋은 방법이 있습니다. 바로 목적과 수단의 관점에서 가치 있는 것들을 평가하는 것입니다. 다시 말해서 어떤 것이 가치를 지니는 까닭을 그것의 목적에 비추어서 평가하는 것이지요.

예컨대 아름다운 그림을 사서 집에 걸어놓으려고 하는 경우를 생각해봅시다. 그림을 벽에 걸기 위해서는 못과 망치가 필요할 것입니다. 이 상황에서 못이나 망치가 가치를 지니는 까닭은 무엇일까요? 한번 못과 망치의 목적에 비추어서 생각해봅시다. 이 상황에서 못과 망치의 목적은 바로 그림을 벽에 거는 것입니다. 못과 망치는 바로 이러한 목적을 달성하기 위한 수단으로서 가치를 지니는 것입니다. 이때 우리는 못과 망치가 지니는 가치를 **도구적** 가치라고 부릅니다.

그런데 우리는 다음과 같이 질문을 계속해나갈 수 있습니다. 못과 망치의 목적은 그림을 벽에 거는 것입니다. 그렇다면 그림을 벽에 걸려는 까닭은 무엇일까요? 이 질문에 한번 이렇게 대답해봅시다. 그림을 벽에 거는 목적은 그림의 아름다움을 경험하는 데 있다고 말입니다. 그러면 다시금 물어봅시다. 그림의 아름다움을 경험하려는 까닭은 무엇일까요? 어떤 사람들은 이러한 물음에 다소 어리둥절할지도 모르겠습니다. 아름다움을 경험하는 것에 그 이상의 목적이 없다고 생각한다면 말입니다. 이러한 사람들에게 그림의 아름다움을 경험하는 것은 그 자체로 가치 있는 활동이 됩니다.

반면에 어떤 사람들은 이 물음에 다음과 같이 대답하려고 할 것입니다. 그림의 아름다움을 경험하는 목적은 바로 즐거움을 얻는 데에 있다고 말입니다. 지루할 수 있겠지만, 마지막으로 다시 한번 물어보도록 합시다. 즐거움을 얻으려는 까닭은 무엇일까요? 마침내

이 질문에 대해서는 대부분의 사람들이 대답을 찾기 어렵다고 느낄 것입니다. 왜냐하면 많은 사람들이 즐거움을 얻는 데에는 그 이상의 목적이 없다고 생각하기 때문입니다. 다시 말해서 즐거움을 얻는 것은 그 자체로 최종적인 목적인 것입니다. 이때 우리는 즐거움이 지니는 가치를 내재적 가치라고 부릅니다.

내재적 가치는 그 자체가 목적이 됨으로써 갖는 가치입니다. 반면에 도구적 가치는 다른 목적을 달성하기 위한 수단이 됨으로써 갖는 가치입니다. 이때 목적과 수단은 중요성의 측면에서 서로 차이가 납니다. 근본적인 측면에서 볼 때 우리에게 정말로 중요한 것은 목적입니다. 여행의 비유를 들자면, 1차적으로 우리에게 중요한 것은 바로 어디에 갈 것인지를 결정하는 것이듯이 말입니다. 어디에 갈지 결정했다면 그 다음에는 어떻게 갈 것인지를 정해야 하겠지요. 목적지에 도달하기 위한 수단과 방법에 해당하는 것이 바로 도구적 가치입니다. 도구적 가치는 내재적 가치와 비교할 때 2차적인 중요성을 지닙니다. 목적을 달성할 수만 있다면 수단은 경우에 따라서 다른 것으로 대체될 수도 있는 것이지요.

예컨대 우리의 1차적인 목적은 그림을 벽에 거는 것입니다. 못과 망치는 바로 이 목적을 달성하기 위한 수단으로서 도구적 가치를 지닙니다. 그런데 요즘은 굳이 못과 망치를 사용하지 않고도 접착 스티커를 이용하여 액자를 벽에 붙일 수 있습니다. 접착 스티커를 이용하면 굳이 벽에 구멍을 뚫지 않아도 되며 벽지의 상태도 양호하게 보존할 수 있지요. 이처럼 만약 접착 스티커를 이용하는 방법이 더욱 편하고 여러 면에서 이점이 있다면 우리는 못과 망치를 포기하게 될 것입니다. 우리에게 가장 중요한 것은 액자를 벽에 건다는 목적이지, 못과 망치라는 수단이 아니기 때문입니다.

물론 경우에 따라서는 어떤 수단을 선택하는지가 몹시 중요한 문제가 될 수도 있습니다. 예컨대 최대한 많은 돈을 버는 것이 우리의 목적이라고 가정해봅시다. 돈을 버는 방법은 매우 다양합니다. 그중에는 윤리적으로 올바르지 못한 방법도 있습니다. 절도, 사기 그리고 횡령과 같은 행위들이 이에 해당하지요. 좋은 목적을 달성한다는 취지만으로 이처럼 윤리적이지 못한 수단을 선택하는 것은 정당화하기 어렵습니다. 그러므로 우리가 어떤 목적을 추구할 것인지도 중요한 문제지만 그 목적을 과연 어떤 수단과 방법으로 달성할 것인지도 못지않게 중요한 문제라고 볼 수 있습니다. 도구적 가치가 내재적 가치를 달성하기 위한 수단이라고 하여 그 중요성이 함부로 평가절하되어서는 안 되는 것이지요.

그렇다면 우리의 삶에서 내재적 가치를 지니는 것은 과연 무엇일까요? 우리 삶의 최종 목적이 무엇인지에 관해서는 여러 가지 의견이 있을 수 있습니다. 하지만 최종 목적이 무엇이 되었든간에, 우리의 삶에서 무엇이 목적에 해당하고 무엇이 수단에 해당하는지를 고민하여 그 중요성의 정도를 파악하는 것은 우리가 삶을 잘 꾸려나가기 위해서 반드시 필요한 작업이라고 할 수 있습니다.

돈의 경우는 어떠할까요? 돈이 과연 내재적 가치를 지닐까요? 돈이 그 자체로 최종적인 목적이라고 가정해봅시다. 그렇다면 우리는 돈을 모으기만 할 뿐 결코 사용할 수는 없을 것입니다. 돈을 사용한다는 것은 돈보다 중요한 다른 목적이 있다는 것을 뜻하기 때문입니다. 그런데 이처럼 돈을 모으기만 하고 사용할 수 없다는 것은 비상식적인 결론입니다. 왜냐하면 대부분의 경우 사람들은 사용하기 위해서 돈을 모으는 것이지 돈 그 자체를 추구하는 것은 아니기 때문입니다. 그렇기에 어떤 철학자들은 다음과 같이 지적합니다. "돈은 오직 다른 것을 위해서 가치 있을 뿐이다." 다시 말해서 돈이 지니는 가치는 어디까지나 도구적 가치에 머무른다는 것입니다.

그렇다면 돈은 과연 어떤 목적을 위한 도구일까요? 이 질문에 대해서는 사람마다 다양한 대답이 나올 수 있습니다. 모름지기 우리는 돈을 통해서 추구하는 목적이 무엇인지 그리고 그 목적이 오직 돈을 통해서만 달성될 수 있는 것인지를 고민해보아야 할 것입니다. 만약 우리의 목적을 달성하는 데 돈이 반드시 필요한 것은 아니라면, 경우에 따라서 우리는 돈을 포기할 수도 있을 것입니다. 우리가 못과 망치를 포기할 수 있는 것처럼 말입니다.

더 얘기할 거리

1. 오랜 비행 끝에 지친 상태로 레스토랑에 도착한 다온이와 정원이. 여러분이라면 생각보다 비싼 가격을 확인했을 때 어떻게 행동했을 것 같나요? 여러분이 여행을 떠날 때 중시하는 것은 무엇인가요?

2. 앞서 우리는 내재적 가치와 도구적 가치의 구분에 관해서 살펴보았습니다. 내재적 가치란 그 자체가 목적이 됨으로써 갖는 가치인 반면에 도구적 가치란 다른 목적을 달성하기 위한 수단이 됨으로써 갖는 가치입니다. 목적과 그것을 달성하기 위한 수단의 다른 예시로는 어떤 것이 있을까요?

3. 우리가 사는 삶의 목적은 무엇이라고 생각하나요? 우리가 추구하는 것들 중에 그 자체로 최종적인 목적이 되는 것은 어떤 것들이 있을까요? 그 자체로 추구될 만한 것들에는 무엇이 있을까요? 그것들이 갖는 중요성의 정도에 서로 차이가 있을 수 있을까요?

세 번째 이야기

삶에 대한 고민에는 정답이 있을까?

가치 객관주의와 가치 주관주의

이튿날 아침이 되었습니다. 숙소에서 베이컨과 계란 프라이 그리고 잼이 발라진 빵을 먹으면서 다온이가 말했습니다. “드디어 오늘이네. 루브르 박물관 가기로 한 것 말이야. 나는 벌써부터 너무 기대가 돼. 두 눈으로 직접 〈모나리자〉를 감상하면 어떤 느낌일까?”

커피를 마시면서 정원이가 말했습니다. “기대가 너무 크면 실망도 커질 수 있어. 너무 호들갑 떨지 말고 차분하게 감상해보자.”

조식을 먹은 뒤에 둘은 루브르 박물관으로 향했습니다. 충분히 서둘러 갔음에도 불구하고 박물관 앞에는 입장 줄이 길게 늘어서 있었습니다. 오랜 기다림 끝에 드디어 둘은 박물관에 입장하였습니다. 박물관에는 눈이 휘둥그레질 만큼 많은 미술품과 유물이 전시되어 있었습니다. 모두 저마다의 매력을 갖고 있는 뛰어난 작품들이었습니다. 그러나 다온이와 정원이의 관심을 끄는 것은 따로 있었습니다. 둘은 빠른 걸음으로 어느 방에 들어섰습니다. 바로 〈모나리자〉가 전시되어 있는 방이었습니다.

방에는 사람이 정말 많았습니다. 그 인파를 헤치고 들어가 직접 두 눈으로 본 〈모나리자〉는 생각보다 작은 크기의 그림이었습니다. 훼손을 방지하기 위해서인지 넓게 펜스를 둘러쳐놓아 가까이에서 관찰하기가 힘들었습니다. 또한 그림 위로는 두꺼운 방탄유리가 씌어져 있어 그림의 색깔을 선명하게 보기가 힘들었습니다. 그럼에도 과연 〈모나리자〉는 힘이 있는 그림이었습니다. 이 모든 방해물에도 불구하고 그림 속 인물이 짓고 있는 희미한 미소가 특유의 이지적인 분위기를 발산하고 있었습니다. 금방 그림의 매력에 빠져든 정원이는 걸음을 멈추고 한 자리에 멍하니 멈추어 서서 한참 동안 〈모나리자〉를 응시하였습니다.

다온이가 먼저 말을 걸어왔습니다. "어휴. 사람이 너무 많고 그림도 너무 멀리 있어서 제대로 감상하기가 쉽지 않네."

정원이가 말했습니다. "응. 그렇기는 해. 하지만 정말 대단한 그림인 것 같아. 이렇게 어수선한 상황에서도 보는 사람의 시선을 잡아끄는 힘이 느껴져."

"정원이 너는 그림이 꽤나 마음에 든 모양이구나. 나는 솔직히 말하면… 기대를 너무 많이 했나 봐. 별다른 감흥이 없어."

“하지만 나는 다온이 너야말로 이 그림을 정말 좋아할 줄 알았는데! 혹시 박물관에 오기 전에 도감으로 이 그림을 너무 많이 봐서 그런 건 아닐까? 너무 자주 보면 점점 감흥이 없어질 수 있잖아.”

“그럴 수도 있겠지만 지금 내 생각으로는… 전체적으로 볼 때 그림의 색채감이 생각보다 너무 어둡고 우중충해서 내 취향과는 맞지 않는 것 같아.”

“바로 그렇기 때문에 오히려 그림 속 인물의 표정에 주목하게 되는 것 같아. 전체적으로 어두운 분위기 속에서도 은근하게 빛나는 저 미소가 정말 아름다워.”

“그렇구나. 나는 이 어두운 분위기 때문에 표정의 생동감도 함께 죽어버려서 전체적으로 무기력한 인상을 준다고 생각했어.”

“참 신기하다. 같은 그림을 보고서도 이렇게 서로 다르게 생각할 수 있구나.”

“물론이지. 예술작품에 대한 감상은 기본적으로 취향의 영역이잖아.”

“그렇지만 〈모나리자〉가 아름다운 그림이라는 데는 수많은 사람들이 동의하잖아. 이처럼 많은 사람들이 동의할 정도라면 이 그림이 지니는 아름다움이 단지 취향의 영역이라고 보기는 어렵지 않을까? 나는 이 그림이 보는 사람의 관점과 상관없이 그 자체로 아름답다고 생각해.”

“흠… 그것은 독단적인 생각이 아닐까? 어떤 사람이든 〈모나리자〉를 자기 자신의 방식대로 감상할 자유가 있다고 생각해.”

정원이는 ‘독단’이라는 다온이의 지적에 순간적으로 말문이 막혔습니다. 다온이의 말도 일리가 있었습니다. 누구나 〈모나리자〉를 아름답다고 생각해야만 한다면 이는 분명 불합리한 일인 것 같았습니다. 그러나 〈모나리자〉의 아름다움이 단지 감상자의 취향에 달려 있다고 인정하기에는 어딘가 마음속에 거부감이 들었습니다. 〈모나리자〉 앞에 선 정원이의 고민은 깊어 갔습니다.

• • •

앞서 첫 번째 이야기에서 예시로 살펴보았던 사실 판단과 가치 판단에 대해서 다시 생각해봅시다.

다온이 〈모나리자〉는 루브르 박물관에 전시되어 있어.

정원이 루브르 박물관에 전시된 〈모나리자〉는 참으로 아름다워.

다온이의 사실 판단은 우리를 둘러싼 세계의 사실을 기술하고 있습니다. 그렇기에 우리는 이 판단이 기술하는 내용과 세계의 사실을 직접 비교해봄으로써 그 진위 여부를 확인할 수 있습니다. 말하자면 루브르 박물관에 실제로 〈모나리자〉가 전시되어 있다면 다온이의 사실 판단은 참이 되는 것이지요. 이러한 확인 과정에 우리의 주관적인 의견이나 감정이 개입할 여지는 없습니다. 우리가 믿건 믿지 않건, 동의하건 동의하지 않건 간에 상관없이 루브르 박물관에 〈모나리자〉가 전시되어 있다는 것은 엄연한 경험적 사실입니다. 그러므로 만약 누군가가 다온이의 사실 판단을 부정한다면 그 사람은 명백한 오류를 저지르고 있는 셈입니다. 이러한 오류는 애초에 사실 관계를 잘못 파악했거나 혹은 사실 관계를 제대로 파악했음에도 억지를 부리려는 데서 기인한다고 볼 수 있습니다.

그렇다면 정원이의 가치 판단은 어떠할까요? 사실 판단과 마찬가지로 가치 판단 역시 우리의 주관적인 의견이나 감정과는 상관없이 객관적으로 그 진위 여부가 결정되는 것일까요? 이 질문에 대해서 크게 두 가지 대답이 있을 수 있습니다. 첫 번째는 가치 판단 역시 사실 판단과 마찬가지로 객관적으로 그 진위 여부가 결정된다고 대답하는 것입니다. 우리는 이러한 입장을 가치 객관주의라고 부릅니다. 두 번째는 가치 판단은 사실 판단과 달리 우리의 주관적인 의견이나 감정에 의해 그 진위 여부가 결정된다고 대답하는 것입니다. 우리는 이러한 입장을 가치 주관주의라고 부릅니다. 둘 중에 어느 입장이 옳은 것일까요?

정원이의 가치 판단을 다시 살펴봅시다. 정원이는 〈모나리자〉가 아름답다고 평가하고 있습니다. 정원이의 가치 판단이 객관적으로 참이라고 한번 가정해봅시다. 그렇다면 이 작품의 아름다움에 동의하지 않는 사람은 오류를 저지르고 있는 셈입니다. 마치 다온이의 사실 판단을 거부하는 사람이 기본적인 사실 관계 파악에서 오류를 저지르고 있듯이 말입니다.

그러나 이러한 추론은 우리의 상식과 맞지 않습니다. 왜냐하면 일상 경험에 비추어볼 때 예술 작품의 아름다움에 대해서 사람마다 서로 다른 의견을 갖는 것은 몹시 자연스럽기 때문입니다. 정원이는 〈모나리자〉가 매우 아름다운 그림이라고 생각하지만 정원이와 달리 〈모나리자〉가 별로 아름답지 않다고 생각하는 사람들도 분명히 존재합니다. 다온이처럼 말입니다. 이처럼 서로 의견이 충돌한다고 해서 어느 한쪽이 오류를 저지르고 있다고 보기는 어렵습니다. 만약 여기서 어느 한쪽이 일방적으로 옳고 다른 쪽은 틀렸다고 주장한다면 이는 오히려 자유로운 예술 감상을 해치고 독단에 빠지는 것일 수 있습니다.

이러한 생각의 흐름은 적어도 아름다움의 영역에 있어서는 가치 주관주의가 설득력을 지닌다는 점을 보여줍니다. 가치 주관주의자들은 다음과 같이 주장합니다. 아름다움에 있어서 객관적인 사실이란 없으며 따라서 어느 누구도 객관적으로 옳거나 그르지 않다고 말입니다. 가치 주관주의에 따르면 사람들은 단지 다르게 느끼고 다른 의견을 갖고 있을 뿐입니다.

가치 주관주의는 우리가 중요시하는 다양성 및 관용의 덕목과 잘 어울립니다. 기본적인 의식주의 측면, 더 나아가 제도와 관습, 문화의 측면에서 사람들은 다양한 모습을 보여줍니다. 이러한 다양성은 지역과 시대에 따라서, 그리고 민족이나 국가, 문화권에 따라서 크게 두드러집니다. 우리는 이러한 다양성 사이에 우열이란 없으며 따라서 각각의 관습과 문화는 관용적으로 존중받아야 한다는 문화 상대주의적 생각에 친숙합니다.

이뿐만이 아닙니다. 심지어 같은 시대, 같은 지역에 산다고 할지라도 사람들은 세련됨에 대한 저마다의 고유한 기준을 갖고 있기 마련입니다. 옷 입는 스타일, 선호하는 음악의 종류 등에 있어서 말입니다. 우리는 자신과 다른 취향과 안목을 가진 사람들이 틀렸다고 함부로 비난하지 않습니다.

이러한 관용의 태도는 흔히 다음과 같은 표어로 말해집니다. "틀린 것이 아니라 다른 것이다." 가치 주관주의는 이러한 종류의 생각과 잘 어울립니다. 가치 주관주의에 따르면 가치에 있어서 객관적인 사실이란 없으며 따라서 정해진 답이란 없습니다. 사람들은 다만 서로 다른 의견을 갖고 있을 뿐입니다. 그러므로 우리는 자신의 의견이 존중받기를 원하는 만큼이나 다른 사람의 의견을 존중해야만 합니다.

이러한 생각들은 퍽 자연스럽기에 어쩌면 더 이상의 고민이 필요하지 않다고 생각할지도 모르겠습니다. 그러나 가치 주관주의가 옳다는 결론을 내리기에는 아직 섣부릅니다. 왜냐하면 아름다움의 영역에서와 달리, 윤리 영역에서 가치 주관주의는 우리의 상식과 충돌하기 때문입니다. 예컨대 앞서 첫 번째 이야기에서 예시로 살펴보았던 다음 문장들을 살펴봅시다.

(다온이) 어떤 사람이 위험한 상황에 처한 다른 사람을 돕고 있어.

(정원이) 이 사람의 행동은 올바른 행동이야.

위험한 상황에 처한 다른 사람을 돕는 것이 올바른 행동이라는 정원이의 가치 판단은 다만 정원이의 주관적인 의견에 불과한 것일까요? 정원이의 가치 판단이 다만 주관적으로 참일 뿐이라고 한번 가정해봅시다. 그렇다면 우리는 위험한 상황에 처한 다른 사람을 조금의 노력으로도 크게 도울 수 있지만 그 조금의 노력도 결코 들이지 않으려는 사람을 윤리적으로 비난할 수 없게 됩니다. 그 사람은 결코 잘못된 윤리적 견해를 갖고 있는 것이 아닙니다. 단지 우리와 다른 의견을 갖고 있을 뿐이지요.

그런데 이러한 결론은 우리의 상식과 어긋납니다. 왜냐하면 자신에게 조금도 무리가 가지 않는 경우 그리고 아주 조금의 노력으로도 타인을 크게 도울 수 있는 경우라면 마땅히 타인을 돕는 것이 올바르다는 것이 우리의 자연스러운 윤리적 직관이기 때문입니다.

아래의 또 다른 예시를 살펴봅시다.

정원이 무고한 사람에게 폭력을 행사하는 것은 올바르지 않은 행동이야.

다시금 물어봅시다. 정원이의 가치 판단은 주관적인 의견에 불과한 것일까요? 이 가치 판단에 동의하지 않는 사람은 무고한 사람에게 폭력을 행사해도 윤리적으로 무방하다고 생각할 것입니다. 실제로 무고한 사람에게 폭력을 행사하는 사람이 앞에 있다고 가정해봅시다. 만약 정원이의 가치 판단이 주관적인 의견에 불과하다면 우리는 이 사람을 윤리적으로 비난할 수 없게 됩니다. 그 사람은 잘못된 윤리적 견해를 갖고 있는 것이 아닙니다. 단지 우리와 다른 의견을 갖고 있을 뿐이지요. 이러한 결론은 우리의 상식과 크게 충돌합니다. 무고한 사람에게 폭력을 행사하는 것은 올바르지 않은 행동이며 비난받아 마땅하다는 것이 우리의 자연스러운 윤리적 직관이기 때문입니다.

이러한 생각의 흐름은 윤리 영역에 있어서 가치 객관주의가 적지 않은 설득력을 지닌다는 점을 보여줍니다. 그리고 이는 우리가 중요시하는 보편적 인권의 개념과 잘 어울립니다. 우리는 인권이 신장되는 방향으로 역사가 진보해왔다고 생각합니다. 예컨대 고대 사회에서는 출생에 따른 노예제도가 일반적이었지만 지금의 우리는 노예제도가 결코 용인되어서는 안 된다고 생각합니다. 19세기까지만 해도 여성의 참정권은 일반적이지 않았지만 지금의 우리는 그러한 차별이 공평하지 못하며 여성에게도 마땅히 선거권과 피선거권이 보장되어야 한다고 생각합니다. 우리는 노예제도와 여성차별이 객관적으로 그른 것이며 역사의 흐름에 따라서 인류가 이러한 잘못을 점진적으로 시정해왔다고 생각합니다. 만약 노예제도와 여성차별이 객관적으로 그른 것이 아니라면, 우리는 역사가 진보해왔다고 말할 수 없을 것입니다.

또 다른 사례들을 살펴봅시다. 우리는 수많은 유대인을 학살한 나치의 행위가 잘못된 것이라고 생각합니다. 그리고 우리는 위안부를 운영한 일제의 행위가 잘못된 것이라고 생각합니다. 그러나 만약에 윤리에 대한 우리의 가치 판단이 단지 우리의 주관적인 의견에 불과하다면 우리는 어떻게 나치에게 그리고 일제에게 사과를 요구할 수 있을까요?

윤리에 대해서 우리가 갖고 있는 자연스러운 직관들은 분명히 가치 주관주의보다는 가치 객관주의와 더욱 잘 어울립니다. 적어도 윤리의 영역에 있어서는 객관적인 옳고 그름이 있다는 것이지요. 이 세상에는 윤리적으로 그릇된 행위, 제도 그리고 관습들이 존재합니다. 이들은 다양성이라는 이름으로 존중받을 수 없으며 보편적 인권의 개념에 의거해서 마땅히 비판받고 시정되어야 합니다.

물론 가치 객관주의에 어려움이 전혀 없는 것은 아닙니다. 윤리 영역에 있어서 가치 주관주의를 옹호하는 사람들은 전형적으로 다음과 같은 점을 지적합니다. 사실 판단들은 우리를 둘러싼 세계의 사실을 기술하고 있습니다. 그렇기에 우리는 이들이 기술하는 내용과 세계의 사실을 직접 비교해봄으로써 그 진위 여부를 판단할 수 있습니다. 그러나 가치 판단들의 경우에는 무엇을 살펴봄으로써 그 진위를 확인해야 하는 것일까요?

가치 주관주의를 옹호하는 사람들은 이 질문에 다음과 같이 대답합니다. "우리는 누군가가 무고한 사람에게 폭력을 행사하는 것을 경험적으로 관찰할 수는 있습니다. 하지만 이러한 행위가 올바르지 않다는 것을 경험적으로 관찰할 수는 없습니다. 다만 이러한 행위가 올바르지 않다는 우리의 생각 혹은 이러한 행위에 대해 분노하는 우리의 감정을 관찰할 수 있을 뿐이지요. 그러므로 가치 판단들은 주관적입니다. 왜냐하면 가치 판단은 단지 우리의 주관적인 의견이나 감정의 표현에 불과하기 때문입니다."

이러한 지적에 가치 객관주의자들은 어떻게 대답해야 하는 것일까요? 어쨌든 가치 객관주의자들은 가치 판단의 진위 여부를 판단할 수 있는 객관적인 기준을 제공해줄 수 있어야 하는 것처럼 보입니다. 만약 가치 판단의 진위 여부를 판단하는 객관적인 기준이 제공될 수 없다면 가치 판단이 객관적으로 참이거나 거짓이라는 주장도 그 빛이 바랠 것입니다. 가치 판단이 객관적으로 참이거나 거짓이라고 한들 정작 우리가 그 진위 여부를 인식하고 판별할 방도가 없다면, 서로 다른 가치 판단들이 충돌하는 상황에서 가치 객관주의는 우리에게 아무런 현실적인 지침을 주지 못할 테니 말입니다.

그렇기에 가치 주관주의자들의 지적은 가치 객관주의자들에게 중대한 도전으로 인식됩니다. 윤리적 가치 판단들이 객관적으로 참이거나 거짓이기 위해서는 세계에 윤리적 사실이 존재해야만 하는 것일까요? 경험적 사실 판단들의 진위 여부를 결정해주는 경험적 사실들이 존재하듯이 말입니다. 그러면 세계에 윤리적 사실이 과연 존재하기는 하는 것일까요? 만약 윤리적 사실이 존재한다면 우리는 이를 어떻게 인식할 수 있는 것일까요? 이런 질문들은 모두 그 해답이 쉽게 찾아질 수 없는 어려운 문제들입니다. 분명한 한 가지는 가치 주관주의와 가치 객관주의의 논쟁은 쉽게 끝나지 않을 것이라는 점이며 이 중에 어느 한쪽을 지지하고 옹호하기 위해서는 섬세하고 깊은 철학적 고민이 필요하다는 점입니다.

더 얘기할 거리

1 루브르 박물관의 〈모나리자〉에 대해 서로 상반된 감상을 가진 다온이와 정원이. 여러분은 그림 〈모나리자〉가 아름답다고 생각하나요? 반드시 〈모나리자〉가 아니더라도 실생활에서 쉽게 접할 수 있는 무언가에 대해서 여러분은 어떤 미적 판단을 내리나요? 그리고 미적 판단의 측면에서 상대방과 의견이 충돌할 때 여러분은 어떻게 대응하나요?

2 앞서 우리는 가치 객관주의와 가치 주관주의의 구분에 관해서 살펴보았습니다. 가치 객관주의란 가치 판단 역시 사실 판단과 마찬가지로 객관적으로 그 진위 여부가 결정된다는 입장입니다. 반면에 가치 주관주의는 가치 판단이 사실 판단과 달리 우리의 주관적인 의견이나 감정에 의해 그 진위 여부가 결정된다는 입장입니다. 여러분은 두 입장 중에 어느 것이 옳다고 생각하나요?

3 세상에는 다양한 삶의 유형이 있습니다. 여러분은 그중에 소위 '정답'이 있다고 생각하나요? 각자가 생각하는 훌륭한 삶의 유형에 대해서 자유롭게 이야기해봅시다. 그리고 각자의 의견이 어떤 점에서 일치하는지 혹은 불일치하는지를 살펴봅시다. 이러한 불일치는 과연 어떻게 이해되어야 하는 것일까요?

2장

무엇이 우리의 책임일까?

자유와 도덕적 책임

첫 번째 이야기

우리에게 달려 있는 일들
도덕적 책임

어느 주말 아침 하림은 창문을 두드리는 빗소리에 눈을 떴습니다. 한참 동안 침대에 누워 빗소리를 듣던 하림은 이윽고 자리에서 일어나 홍차를 우렸습니다. 며칠 전 친구가 선물해준 홍차였습니다. 머그컵에 우려낸 홍차를 담은 후 하림은 창밖의 우산을 쓰고 지나가는 행인을 바라보며 생각했습니다. '오후에 친구와 만나기로 했던 약속은 취소해야겠어. 오늘은 왠지 집에서 편하게 쉬면서 보내고 싶어. 비 오는 날 우산을 쓰고 외출하는 것은 몹시 번거롭거든.'

하림은 작은 탁자 위에 마시던 홍차를 내려놓은 후 친구에게 메시지를 남겼습니다. "오후에 급한 일이 생겨 오늘 약속은 취소해야 될 것 같아. 정말 미안해." 물론 이는 거짓말이었습니다. 하림은 단지 비 오는 날 외출하는 것을 별로 좋아하지 않았을 뿐이었습니다.

친구에게서 곧바로 답장이 왔습니다. "알겠어. 약속이야 언제든지 새로 잡을 수 있으니까. 급한 일 잘 마무리하렴." 하림은 친구의 답장을 확인한 후 곧바로 마시던 홍차를 들고 주방으로 갔습니다. 하림은 냉장고 문을 열어 어제저녁 집으로 돌아오는 길에 사왔던 당근케이크 한 조각을 꺼내 접시에 담아 식탁에 내려놓았습니다. 책장에서 편하게 읽을 수 있는 책을 한 권 꺼내온 하림은 홍차와 함께 당근케이크를 먹으며 편안한 마음으로 책을 읽기 시작했습니다.

• • •

세상에는 참 다양한 일이 일어납니다. 그중 많은 일은 사실 우리와 별다른 상관이 없습니다. 인공위성은 하염없이 지구를 돌며, 지구 반대편의 사람들도 우리와 같이 직장에 출근하고 나름대로의 고민을 갖고 살아가지만 이는 우리에게 일어나는 일이 아닙니다.

심지어 우리와 가까운 곳에서 일어난 일도 우리와 상관없는 경우가 많습니다. 우산을 쓰고 하림의 집 앞을 지나가던 행인이 설사 물웅덩이를 밟아 신발이 다 젖어버렸다고 하더라도 이는 하림과는 별로 상관없는 일입니다. 왜냐하면 물웅덩이를 밟은 사람은 하림이 아니기 때문입니다.

반면 창문을 두드리는 빗소리에 눈을 뜬 일, 침대에 누워 빗소리를 들은 일, 홍차를 우린 일, 지나가는 행인을 내다본 일, 친구에게 거짓말로 메시지를 보낸 일은 모두 하림에게 일어난 일입니다. 빗소리에 눈을 뜬 사람도, 홍차를 우린 사람도, 행인을 내다본 사람도, 친구에게 메시지를 보낸 사람도 모두 하림이기 때문입니다.

우리는 아무래도 타인에게 일어난 일보다는 자신에게 일어난 일에 더 많은 관심을 갖기 마련입니다. 아마도 우리가 관심을 가질 수 있는 일에는 한계가 있기 때문일 겁니다. 대부분의 사람에게는 지구 반대편에 살아가는 사람들에게까지 관심을 기울일 여유가 없습니다.

물론 타인에게 일어난 일임에도 불구하고 우리가 마땅히 관심을 기울여야 할 일도 많습니다. 길가에 서서 혼자 울고 있는 아이를 보면서 저 아이에게 일어난 일은 남에게 일어난 일이니까 내가 굳이 관심을 가질 필요는 없다고 생각하는 사람은 많지 않을 것입니다.

하지만 어떤 의미에서 이러한 일은 우리 자신에게 일어난 일이기도 합니다. 길가에 아이가 홀로 서서 울고 있을 때 우리는 도와주어야 합니다. 즉 길가에 아이가 홀로 서서 울고 있다는 사실은 우리에게 어떤 도덕적 의무를 부여합니다. 이는 우리와 전적으로 무관한 사실이라 보기 어렵습니다. 즉 이는 타인에게 일어난 일이기도 하지만 동시에 나에게 일어난 일이기도 합니다.

한편 우리에게 일어난 일이긴 하지만 어떤 의미에서는 기껏해야 우리에게 일어난 일에 불과한 것도 있습니다. 예를 들어 창문을 두드리는 빗소리에 눈을 뜬 것은 단지 하림에게 일어난 일에 불과합니다. 하림은 이를 통제할 수 없었습니다. 일반적으로 어떻게 잠에서 깨어나게 될지 여부는 우리가 통제할 수 있는 일이 아닙니다. 길을 걷다가 갑자기 내린 소나기에 옷이 젖게 되는 일 또한 기껏해야 우리에게 일어난 일에 불과합니다. 이 또한 우리가 통제할 수 있는 일이 아닙니다. 날씨는 우리가 원하는 대로 바꿀 수 있는 것이 아니기 때문입니다.

우리가 통제할 수 없는 일은 이외에도 많습니다. 길을 걷다 마주치기 싫은 사람을 마주치는 일, 차가 막혀서 약속 시간에 늦는 일,

갑작스런 전염병의 유행으로 인해 손꼽아 기다리던 여행이 취소되는 일은 모두 우리가 통제할 수 있는 일, 우리에게 달려 있는 일이 아닙니다.

반면 어떤 일들은 분명 우리에게 달려 있습니다. 예를 들어 아침에 홍차를 마실지 아니면 커피를 마실지는 하림에게 달려 있던 일입니다. 만약 홍차보다 커피를 더 마시고 싶었다면 하림은 홍차를 우리는 대신 커피를 내렸을 것입니다. 더불어 거짓말로 친구에게 약속을 취소하는 메시지를 보낸 것 또한 하림에게 달려 있던 일입니다. 하림은 친구에게 거짓말을 하는 대신 오늘은 외출하고 싶지 않다고 솔직히 말하고 양해를 구할 수도 있었습니다. 혹은 친구와의 약속을 보다 소중히 생각했더라면 약속을 취소하지 않고 오후에 친구를 만나러 나갈 수도 있었을 것입니다. 홍차를 우린 것, 친구에게 거짓말을 한 것은 모두 하림에게 달려 있었던 일입니다. 이 모든 일은 하림의 통제 아래 있었습니다.

우리의 통제 아래 있던 일, 우리에게 달려 있던 일은 달리 말하면 우리가 "자유롭게 행한 일"입니다. 이런 일들은 그렇지 않은 일들과는 달리 대개 한 가지 독특한 특징을 갖습니다. 우리는 일반적으로 자신의 통제하에 있던 일, 자신에게 달려 있던 일에 대해서는 도덕적 책임을 갖습니다. 반대로 누군가가 통제할 수 없던 일 또는 누군가에게 달려 있지 않았던 일에 대해서 그 사람에게 도덕적 책임을 묻는 것은 부당합니다. 자유롭게 행한 일이 아님에도 불구하고 그것에 대해 도덕적인 책임을 묻는 것은 왠지 조금 억지스럽습니다.

급한 일이 생겨서 약속을 취소해야겠다는 하림의 거짓말에 대해 도덕적 책임을 지는 사람은 하림입니다. 왜냐하면 오직 하림만이 자신의 거짓말을 통제할 수 있었던 사람이기 때문입니다. 하림이 거짓말을 할지 말지 여부는 하림에게 달려 있었습니다. 이러한 의미에서 하림의 거짓말은 분명 자유로운 것이었습니다. 만약 친구가 하림이 거짓말을 했다는 사실을 알게 되어 하림을 비난한다면 하림은 분명 친구에게 사과해야 합니다. 왜냐하면 거짓말은 하림이 자유롭게 선택한 일이며 이에 대한 책임은 하림의 것이기 때문입니다. 우리의 통제 아래 있던 일, 우리에게 달려 있던 일에 대한 책임은 분명 우리 자신의 것입니다.

더 얘기할 거리

1. 최근 자신에게 일어난 일들을 여럿 나열해본 후 나열된 각각의 일들이 과연 자신에게 달려 있던 일, 자신이 통제할 수 있던 일인지 아닌지에 대해 자유롭게 이야기해봅시다.

2. 자신에게 달려 있는 일, 자신이 통제할 수 있는 일 중에서도 여전히 자신이 책임을 갖지 않는 일이 있을 수 있을까요?

달리 행할 수 있는 능력
대안가능성 원리

어느 주말 오후, 하진과 서우는 함께 박물관에 갔습니다. 오늘 박물관에서는 조선시대 의복을 연구하는 유명한 학자인 김 교수님의 강의가 예정되어 있었습니다. 평소에 조선시대 의복에 관심이 많았던 서우는 오늘 마침 박물관에서 존경하던 김 교수님의 강의를 들을 수 있다는 사실을 알고 뛸 듯이 기뻤습니다.

강의를 꼭 듣고 싶었던 서우는 하진에게 말했습니다. "한 시간 후에 김 교수님께서 여기서 직접 강의를 하신대. 거기에 꼭 가봐야겠어. 하진이 너 내가 김 교수님을 얼마나 존경하는지 알지?"

서우의 질문에 하진은 대답했습니다. "그래. 서우야. 그분이 네가 평소에 존경하던 조선시대 의복을 연구하는 유명한 학자 맞지? 정말 잘됐다. 같이 들으러 가자." 하진은 사실 조선시대 의복에는 큰 관심이 없었지만 친구인 서우를 위해 함께 강의를 들으러 가기로 약속했습니다.

하진은 이윽고 박물관에서 조선시대 백자 여러 점을 전시하고 있다는 사실을 알게 되었습니다. 조선시대 의복과는 달리 평소에 도자기를 좋아하던 하진은 신이 나서 말했습니다. "오늘 박물관에 오길 정말 잘했어. 물론 김 교수님 강의를 들을 수 있는 것도 좋지만, 이렇게 많은 백자를 한 번에 볼 수 있는 기회는 흔치 않단 말이지. 강의를 들으러 가기 전에 이 백자들을 다 구경할 수 있을까?"

하지만 서우는 반대로 조선시대 의복과는 달리 백자를 포함한 도자기에 대해서는 별다른 관심이 없었습니다. 서우가 말했습니다. "그러게. 백자가 참 많이 있네. 한 시간 후에는 김 교수님의 강의를 들으러 가야 하니 서둘러 봐야겠다." 하지만 백자에 온통 정신이 팔린 하진은 서우의 말을 듣지 못했습니다.

하진이 백자를 구경하는 동안 시간은 계속 흘러갔고 결국 한 시간이 거의 다 지나 김 교수님의 강의가 시작되기 오 분 전이 되었습니다.

서우가 말했습니다. "하진아, 이제 김 교수님 강의를 들으러 가야 돼. 오 분 후면 강의가 시작이라고."

하지만 하진은 마지막 남은 조선시대 백자 몇 점을 마저 더 보고 싶었습니다. "저기 있는 백자까지만 마저 보고 가자. 잠깐이면 돼.

이번에 못 보면 또 언제 볼 수 있을지 몰라. 내가 얼마나 백자를 좋아하는지 너도 잘 알잖아."

이때 친구들과 장난치던 한 어린아이가 실수로 하진과 세게 부딪혔습니다. 서우에게 이야기를 하고 있던 하진은 아이가 다가오는 것을 보지 못했고, 전혀 예상하지 못한 채 아이와 부딪히게 된 하진은 결국 중심을 잃고 전시되어 있던 백자 쪽으로 넘어져 백자를 깨트리게 되었습니다. 서우는 하진이 아이와 부딪혀 넘어지면서 백자를 깨트리는 광경을 보고, 김 교수님 강의를 들을 생각은 까맣게 잊어버린 채 그만 제자리에 얼어붙고 말았습니다.

• • •

그런데 정확히 어떤 경우에 우리에게 일어난 일은 우리 자신에게 달려 있는 것 또는 우리의 통제 아래 있는 것이 될까요? 분명 우리에게 일어난 모든 일이 우리 자신에게 달려 있던 것이라고 보기는 어렵습니다. 아이와 부딪혀 넘어지면서 백자를 깨트린 하진의 경우를 생각해봅시다.

하진이 백자를 깨트린 일은 분명 하진에게 일어난 일이긴 합니다. 하지만 이 일이 하진에게 달려 있었던 일 혹은 하진이 통제할 수 있었던 일이라고 보기는 어렵습니다. 만약 하진이 백자를 깨트린 일이 하진의 통제 아래 있었던 일이라면 우리는 하진에게 왜 백자를 깨트렸는지에 대해 책임을 물을 수 있을 겁니다. 앞서 이야기한 바와 같이 우리는 우리 자신의 통제 아래 있었던 일에 대해서는 책임을 져야 하기 때문입니다. 우리는 하진에게 백자를 깨트린 일에 대한 책임을 물을 수 없습니다. 여기서 누군가에게 책임을 물을 수 있다면 그 사람은 하진이라기보다는 장난을 치다가 하진과 부딪힌 아이 혹은 아이의 지나친 장난을 자제시킬 의무가 있었던 아이의 부모님일 겁니다.

그렇다면 정확히 어떤 이유에서 하진이 백자를 깨트린 일은 하진에게 달려 있지 않았던 일 혹은 하진의 통제 아래 있지 않았던 일이 되는 걸까요? 어떤 철학자들은 이러한 질문에 대해 우리의 행위가 우리 자신에게 달려 있는 것 혹은 우리 자신이 통제할 수 있는 일이기 위해서는 최소한 그것이 우리가 달리 행할 수 있었던 것이어야 한다고 주장합니다. 다르게 말하자면, 하지 않을 수 없었던 일은 자유로운 것일 수 없다는 겁니다. 이들은 하진이 주어진 상황에서 백자를 깨뜨리는 것을 피할 수 없었으며, 바로 이것이 문제의 사건이 하진에게 달려 있던 일 혹은 하진이 통제할 수 있었던 일일 수 없는 이유라고 주장할 것입니다.

이는 그럴듯한 생각입니다. 첫 번째 이야기에서 급한 일이 생겨서 약속을 취소해야겠다고 친구에게 거짓말을 한 것은 분명 하림의 통제 아래에 있었습니다. 왜냐하면 하림의 거짓말은 하지 않을 수 있었던 일이기 때문입니다. 하림은 친구와의 약속을 소중히 여겨 설사 비가 오는 날 외출하는 것이 번거롭다 하더라도 우산을 챙겨 친구를 만나러 나갈 수도 있었습니다. 혹은 친구에게 거짓말을 하는 대신 솔직히 말하고 양해를 구할 수도 있었을 겁니다. 거짓말을 한 일은 하림에게 피할 수 없었던 일이 아닙니다. 하림은 분명 거짓말을 하지 않을 수 있었습니다.

하지만 하진과 서우의 이야기에서, 아이와 부딪힌 하진은 넘어지면서 백자를 깨트리는 일을 피할 수 있었나요? 하진은 아마도 이렇게 말할 것입니다.

하진이 나는 서우와 중요한 대화를 나누고 있었기 때문에 장난치는 아이를 보지 못했어. 그리고 그 애와 세게 부딪힌 뒤에 백자 쪽으로 넘어져서 백자를 깨트린 건 어쩔 수 없는 일이었어. 그러니 이건 내 잘못이 아니야.

하진의 말에 따르면, 하진은 사실상 주어진 상황에서 백자를 깨트리지 않을 수 없었습니다. 즉 백자를 깨트리게 된 일은 하진에게 달리 행할 수 있었던 일이 아니었습니다.

오직 달리 행할 수 있었던 일에 대해서만 도덕적 책임을 물을 수 있다는 원리는 하림이 자신의 거짓말에 대해 책임을 져야 하는 이유, 반대로 하진이 백자를 깨트린 일에 대해 책임을 지지 않는 이유를 잘 설명해주는 것처럼 보입니다. 사실 이는 상당히 그럴듯한 생각입니다. 우리는 능력 밖의 일에 대해서는 일반적으로 책임을 묻지 않습니다. 예를 들어 서우에게는 세상의 모든 전쟁과 빈곤을 단번에 몰아낼 수 있는 능력이 없을 겁니다. 따라서 누군가 서우에게 너는 왜 전쟁과 빈곤을 세상에서 몰아내지 않고 있냐고 비난한다면 서우는 그것은 내가 할 수 있는 일이 아니라고 답변할 겁니다.

할 수 없는 일에 대해 왜 그것을 하지 않고 있냐고 비난하고 책임을 묻는 것은 부당합니다. 즉 달리 할 수 없었던 일에 대해 왜 그것을 하지 않았는지 비난하고 책임을 묻는 것은 부당합니다. 철학자들은 이렇게 오직 달리 할 수 있었던 일에 대해서만 책임을 물을 수 있다는 원리를 대안가능성 원리라고 부릅니다.

더 얘기할 거리

1 대안가능성 원리에 의하면 우리는 오직 달리 행할 수 있었던 일에 대해서만 책임을 물을 수 있습니다. 하진의 사례 외에도 달리 행할 수 없었다는 사실로 인해 책임을 묻기 어려워지는 사례들을 더 생각해봅시다.

2 행위자가 달리 행할 수 있었음에도 불구하고 여전히 그것에 대해 도덕적 책임을 묻기 어려운 경우가 있을까요?

결정되어 있는 일
양립가능론과 양립불가론

어느 날 주현은 친구인 연우네 집으로 놀러 갔습니다. 연우의 방에 앉아 이런저런 이야기를 나누던 주현과 연우는 우연히 방 한구석에서 어린 시절 연우가 가지고 놀던 도미노 조각 뭉치를 발견했습니다. 주현이 물었습니다. "연우야 저게 뭐야?"

연우가 대답했습니다. "그러게. 이게 뭐지? 어, 이거 내가 어릴 때 가지고 놀던 도미노 조각들이네. 정말 오랜만에 꺼내보는걸."

방바닥에 도미노 조각들을 펼쳐놓은 연우는 이윽고 조각들을 하나씩 세워놓기 시작했습니다. "예전에는 이렇게 조각들을 일렬로 세워두고 얼마나 오랫동안 넘어뜨리지 않은 채 놔둘 수 있는지 기록을 재보곤 했었어."

주현이 웃으며 말했습니다. "그게 뭐야. 연우 너, 어릴 때는 정말 엉뚱한 구석이 있었구나."

어릴 적 추억에 잠긴 채 도미노 조각들을 일렬로 세우는 일에 열중하는 연우의 모습을 보면서 주현은 갑자기 장난을 치고 싶어졌습니다. "얍!" 주현은 첫 번째 도미노 조각을 손가락으로 툭 쳐서 넘어뜨렸습니다. 그러자 연우가 세워놓은 도미노 조각들이 연달아 모두 넘어지기 시작했습니다. 도미노 조각들이 모두 넘어지자 연우가 웃음을 터뜨리며 말했습니다. "도미노 조각들은 한번 쓰러지기 시작하면 멈출 수 없지. 이번에는 5분도 못 버텼네."

별다른 반응을 보이지 않는 연우를 보면서 조금 머쓱해진 주현이 말했습니다. "뭐야, 재미없게!"

그러자 연우가 말했습니다. "얼마 전에 강연을 하나 들었는데, 강연을 맡은 교수님이 그러시더라. 우리의 감정이나 생각, 더 나아가 우리가 내리는 결정들과 우리가 하는 행동들도 사실은 다 이 도미노와 다를 바가 없다고."

주현이 물었다. "그게 무슨 말이야?"

연우는 자신이 강연에서 들은 내용을 설명하기 시작했다. "사실 우리가 느끼는 많은 감정들, 우리가 떠올리는 많은 생각들은 우리 두뇌의 상태와 우리가 처한 환경들, 그리고 우리의 유전자에 의해서 다 결정되어 있대. 심지어 우리가 내리는 결정들, 우리가 하는 행동들도 그렇다고 하시더라. 도미노 조각들이 한번 쓰러지기 시작하면 더 이상 멈출 수 없는 것처럼 우리는 그냥 우리의 두뇌 상태나 환경, 그리고 유전자가 시키는 대로 느끼고 생각하고 결정하고 행동하는 것 말고는 달리 할 수 있는 일이 없다는 거지. 만약 그렇다면 우리가 오늘 이런 대화를 하고 있는 것도 사실은 모두 다 사전에 결정되어 있었던 일이겠지?"

주현이 말했다. "그게 뭐야. 조금 무섭다. 그게 사실이라면 우리가 학교에서 굳이 열심히 공부할 필요도 없는 것 아니야? 어차피 내가 무엇을 할지가 사전에 다 결정되어 있는 거라면 내 시험 점수나 성적도 다 결정되어 있을 텐데 말이야."

그러자 연우가 웃으면서 말했다. "무서울 게 뭐가 있어. 난 오히려 그게 정말이면 좋겠어. 만약 그렇다면 지난 학기에 내가 성적이 조금 떨어진 것도 결국에는 내 탓이 아니라는 거잖아? 그렇게 결정되어 있었는데 내가 뭘 어쩔 수 있었겠어?"

• • •

다행스럽게도 두 번째 이야기에서 백자를 깨뜨린 하진과 같이 불가피하게 어떤 사건이나 사고에 휘말리게 되는 일은 그리 흔하지 않습니다. 따라서 자유를 위협하는 특별한 상황을 가정하지 않는 이상 우리가 일상적으로 행하는 대부분의 행위는 자유로운 행위입니다. 즉 아침에 커피를 마신 일, 저녁에 자기 전에 군것질을 한 일, 친구에게 반갑게 웃으며 인사를 건넨 일 등 우리의 일상을 이루는 대부분의 행위는 우리가 통제할 수 있는 일, 우리에게 달려 있는 일입니다. 하진의 사례와 같이 불가피하게 자신이 통제할 수 없는 일에 연루되는 경우는 흔하지 않으며, 우리는 대체로 자신의 자유를 만족스러운 방식으로 누리며 살아가는 것처럼 보입니다.

하지만 어쩌면 자유로운 행위는 처음부터 불가능한 것일지도 모릅니다. 왜냐하면 우리의 모든 선택과 행위는 사실 사전에 결정되어 있는 것일지도 모르기 때문입니다. 만약 우리의 모든 선택과 행위가 사전에 결정되어 있는 것이라면 우리는 무엇에 대해서든 달리 선택할 수 없고 달리 행할 수도 없을 것입니다. 대안가능성 원리에 의하면 달리 행할 수 없었던 일에 대해서는 어느 누구도 도덕적 책임을 갖지 않습니다. 따라서 이는 결국 도덕적 책임 자체가 애초에 불가능하다는, 받아들이기 어려운 결론으로 이어집니다.

이 경우 첫 번째 이야기의 하림조차도 자신의 거짓말에 대해 책임을 지지 않을 것입니다. 왜냐하면 만약 하림의 거짓말이 사전에 결정되어 있었던 것이라면 하림은 거짓말을 하지 않을 수 없었을 것이고 따라서 우리는 하림에게 거짓말에 대한 책임을 물을 수 없을 것이기 때문입니다.

어째서 우리는 모든 선택과 행위가 사전에 결정되어 있는 것이라고 생각해야 할까요? 이 이야기에서 연우는 친구인 주현에게 우리의 모든 감정과 생각, 선택과 행위는 사실 두뇌 상태, 주어진 환경, 유전자 등에 의해서 전적으로 결정되어 있는 것일지도 모른다는 매우 흥미로운 이야기를 들려줍니다. 마치 도미노 조각들이 한번 쓰러지기 시작하면 더 이상 멈출 수 없는 것처럼 우리는 우리의 두뇌 상태나 환경, 그리고 유전자가 시키는 대로 느끼고 생각하고 선택하고 행동하는 것 말고는 다른 대안이 없다는 것이죠.

이러한 생각은 과연 얼마나 설득력이 있을까요? 도미노 조각들이 한번 쓰러지기 시작했다면 정말 더 이상 멈출 수 없는 걸까요? 도미노 조각들이 연달아 쓰러지는 와중에 누군가 세워져 있는 도미노 조각 하나를 쓰러지지 않도록 손으로 단단히 잡고 있다고 가정해봅시다. 이 경우 설사 도미노 조각들이 쓰러지기 시작했다고 해도 이는 곧바로 멈추게 될 겁니다. 마찬가지로 두뇌 상태, 환경, 유전자 등이 이미 주어져 있다 하더라도 어떤 추가적인 요소가 개입하여 우리의 감정과 생각, 선택과 행위가 조금 달라지도록 만드는 일이 충분히 가능하지 않을까요? 만약 그렇다면 이는 애초에 우리의 모든 선택과 행위가 사전에 결정되어 있다고 생각할 좋은 이유가 아닐 겁니다.

우리의 모든 선택과 행위가 사전이 결정되어 있는 것이라고 생각할 좋은 이유가 여전히 남아 있을지도 모릅니다. 자연 법칙과 과거 사실에 의한 결정이 바로 그것입니다. 자연 법칙과 과거 사실은 일단 모두 우리의 통제를 벗어나 있습니다. 우리가 아무리 노력한다 해도 자연 법칙과 과거에 이미 벌어진 일을 바꿀 수는 없습니다. 하지만 일단 자연 법칙과 과거 사실이 주어질 경우 일견 이로부터 우리의 선택과 행위를 포함하여 세계에서 벌어질 모든 일이 "결정"되는 것처럼 보입니다.

만약 이러한 생각이 옳다면, 자연 법칙과 과거 사실이 이미 주어진 이상 실제로 일어났던 일과 다른 일이 일어나는 것은 불가능할 겁니다. 우리는 달리 선택할 수도 없고 달리 행할 수도 없을 겁니다. 우리가 어떤 선택을 내릴지, 무엇을 하게 될지를 포함하여 "모든" 것이 자연 법칙과 과거 사실에 의해 결정되기 때문입니다. 자연 법칙이나 과거 사실이 달라지지 않고서는 실제 현실과의 어떠한 차이도 있을 수 없다는 겁니다. 이렇게 자연 법칙과 과거 사실에 의해 세계에서 벌어지는 모든 일들이 "결정"된다는 생각을 철학자들은 **결정론**이라고 부릅니다.

결정론이 정말 참인지 여부는 그 자체로 논란의 여지가 있습니다. 어떤 이들은 자연 법칙은 기껏해야 각각의 가능한 상황들이 일어날 "확률"을 결정할 뿐이라고 주장합니다. 실제로 양자 물리학에 대한 표준적인 해석에 의하면 적어도 미시적 차원에서는 앞으로 무슨 일이 벌어질지 여부가 자연 법칙에 의해 엄밀한 의미에서 "결정"되어 있다고 보기 어려운 경우가 있다고 합니다. 여기서 자연 법칙은 기껏해야 각각의 가능한 상황들이 발생할 확률을 보여줄 뿐입니다. 즉 입자 수준의 미시적 차원에서 우리 세계는 때때로 "결정"되어 있다기보다는 "비결정"되어 있습니다.

설사 이러한 내용들이 모두 사실이라 하더라도 실제로 우리의 행위가 이루어지는 거시적 차원에서도 우리 세계가 여전히 "비결정"되어 있는지 여부는 분명하지 않습니다. 왜냐하면 우리가 커피를 마시고 군것질을 하고 친구에게 인사를 건네는 거시적 차원에서는 사실상 입자 수준의 미시적 차원에서 발견되는 "비결정성"이 실질적으로는 서로 상쇄되어 모두 사라져버리는 것일지도 모르기 때문입니다. 우리 세계가 설사 미시적 차원에서 어떤 "비결정성"을 갖는다 하더라도 실제로 우리의 행위가 이루어지는 거시적 차원에서까지 여전히 이러한 "비결정성"이 유지될 수 있을지는 분명하지 않습니다. 결정론의 진위 여부는 아직까지 합의되어 있지 않습니다.

하지만 만약 결정론이 참이라면 자유로운 행위, 우리가 책임을 져야 할 행위는 있기 어려운 것 같습니다. 앞서 말한 바와 같이 자연 법칙과 과거 사실이 정말로 세계에서 무슨 일이 일어날지를 전적으로 결정해버린다면 우리는 어떠한 경우에도 달리 선택할 수 없고 달리 행할 수도 없습니다. 실제로 일어난 일 외에는 다른 어떠한 일도 일어날 수 없게 되는 것입니다. 왜냐하면 자연 법칙과 과거 사실이 달라지지 않고서는 어떠한 일도 달라질 수 없으며 자연 법칙이나 과거 사실을 이제 와서 바꾸는 것은 어쨌든 우리의 능력 밖이기 때문입니다.

대안가능성 원리에 의하면 자유와 책임은 무엇보다도 달리 행할 수 있는 능력을 필요로 합니다. 따라서 결정론이 참이라면 자유로운 행위, 우리가 책임을 져야 할 행위는 있을 수 없습니다. 이렇게 결정론이 참일 경우 자유로운 행위, 우리가 책임을 져야 할 행위는 있을 수 없다는 입장을 철학자들은 양립불가론이라고 부릅니다.

결정론과 양립불가론이 모두 옳다면 우리는 어떤 일에 대해서도 책임이 없을 겁니다. 이 이야기에서 연우가 한 주장처럼 말이지요.

(연우) 지난 학기에 내 성적이 떨어진 건 내 탓이 아니야. 그렇게 되도록 결정되어 있었기 때문이지.

연우는 자신이 들은 강연의 내용이 사실이었으면 좋겠다고 농담처럼 이야기했습니다. 왜냐하면 이로부터 지난 학기 자신의 성적이 조금 떨어진 것은 연우 자신의 책임이 아니라는 결론이 나오는 것처럼 보였기 때문입니다.

결정론이 참일 경우 연우가 지난 학기에 거둔 성적은 과거 사실과 자연 법칙에 의해서 전적으로 결정되어 있었을 겁니다. 더불어 양립불가론이 참일 경우 이렇게 과거 사실과 자연 법칙에 의해 결정되어 있는 일에 대해서는 연우를 포함한 그 누구에게도 책임을 물을 수 없을 겁니다. 따라서 결정론과 양립불가론이 모두 참이라는 사실로부터 지난 학기 성적이 조금 떨어진 것은 연우 자신의 책임이 아니라는 결론이 나옵니다.

물론 결정론이 참인지 여부와 마찬가지로 양립불가론이 참인지 여부 또한 아직까지 합의되지 않습니다. 어떤 철학자들은 설사 결정론이 참이라 하더라도 우리는 여전히 자유롭게 선택하고 행위할 수 있으며 이에 대한 도덕적 책임 또한 물을 수 있다고 주장합니다. 이런 주장을 양립가능론이라고 부릅니다.

어떻게 양립가능론이 참일 수 있을까요? 몇몇 양립가능론자는 설사 결정론이 참이라고 하더라도 우리는 여전히 달리 행할 수 있다고 주장합니다. 즉 사전에 결정되어 있었던 일이라 하더라도 여전히 그것은 하지 않을 수 있었던 일일 수 있다고 주장합니다. 만약 이러한 주장이 옳다면 양립불가론은 잘못된 입장일 겁니다. 달리 말해 설사 결정론이 참이라 하더라도 자유와 도덕적 책임은 여전히 가능할 것입니다.

두 번째 이야기에서 하진은 백자를 깨트리게 되는 일을 피할 수 없었습니다. 하지만 하진에게는 백자를 깨트릴 생각이 전혀 없었습니다. 오히려 하진은 이러한 일은 가능하다면 최대한 피하기를 원했을 겁니다. 즉 하진은 백자를 깨뜨리지 않기를 원했음에도 불구하고 백자를 깨트리지 않을 수 없었습니다. 하진이 백자를 깨트린 것은 원해서 한 것이 아니었습니다.

바로 이것이 우리가 하진에게 선뜻 도덕적 책임을 묻기 어려웠던 이유입니다. 그렇다면 누군가에게 도덕적 책임을 묻기 위해 필요한 "달리 행할 수 있는 능력"은 더 정확히 말하자면 "달리 행하길 원할 경우 달리 행할 수 있는 능력" 혹은 "원하는 것을 할 수 있는 능력"일 것입니다.

그런데 결정론이 참이라는 사실로부터 우리가 이러한 능력을 가질 수 없음이 따라 나오나요? 그렇지는 않을 것 같습니다.

첫 번째 이야기에서 하림이 살고 있던 세상이 결정론적 법칙에 의해 지배받는 세상이라고 가정해봅시다. 그렇다면 자연 법칙과 과거 사실은 하림이 무엇을 선택할지를 결정할 겁니다. 즉 자연 법칙과 과거 사실이 달라지지 않는다면 하림의 선택과 행위는 달라질 수 없을 겁니다. 예를 들어 하림은 홍차를 마시고 당근케이크를 먹기를 원했습니다. 친구에게 거짓말을 하게 되는 한이 있다 하더라도 약속을 취소하길 원했고 편하게 읽을 수 있는 책을 한 권 읽기를 원했습니다.

이렇게 하림이 무엇을 원했는지와 관련된 사실은 모두 자연 법칙과 함께 하림의 행위를 결정한 과거 사실들에 포함됩니다. 즉 하림이 원하는 것들과 기타 여러 사실들, 그리고 자연 법칙이 주어졌을 때 하림은 홍차를 마시지 않을 수 없었고, 당근케이크를 먹지 않을 수 없었고, 친구에게 거짓말을 하지 않을 수 없었고, 책을 읽지 않을 수 없었습니다. 과거 사실이나 자연 법칙이 달라지지 않는다면 다른 선택, 다른 행위는 있을 수 없었을 겁니다.

하지만 하림이 원하는 바가 달랐을 경우는 어떤가요? 만약 하림이 홍차가 아니라 커피를 마시길 원했다면 하림은 커피를 마실 수 있었을 겁니다. 하림이 주어진 상황에서 커피를 마실 수 없었던 이유는 다름 아닌 하림이 커피가 아닌 홍차를 마시길 원했기 때문입니다. 앞서 말한 것처럼 하림이 홍차를 마시길 원했다는 사실과 자연 법칙은 하림이 홍차를 마시게 됨을 결정합니다. 하지만 애초에 하림이 홍차를 마시길 원했다는 사실이 달라진다면 이때 하림이 홍차가 아니라 커피를 마시는 것은 충분히 가능해 보입니다. 즉 설사 결정론이 참이라 하더라도 하림이 무엇을 원하는지와 관련된 과거 사실이 달라질 경우 하림의 선택과 행위는 충분히 달라질 수 있습니다.

물론 결정론이 참일 경우 자연 법칙은 과거 사실과 함께 우리의 선택과 행위를 결정할 겁니다. 하지만 이때 자연 법칙이 단독으로 우리의 선택과 행위를 결정하는 것은 아닙니다. 설사 결정론이 참이라 하더라도 과거 사실이 달라질 경우 다른 선택, 다른 행위는 충분히 가능합니다. 따라서 몇몇 양립가능론자는 결정론이 참이라고 하더라도 우리는 여전히 "달리 행하길 원했다면 달리 행할 수 있는 능력"으로서의 "달리 행할 수 있는 능력"을 가지고 있다고 주장합니다. 만약 하림이 홍차를 마시길 원했다는 사실이 달라진다면 결정론이 참이라 하더라도 하림이 홍차가 아니라 커피를 마시는 것이 충분히 가능했던 것처럼 말입니다. 만약 이러한 양립가능론자의 주장이 옳다면 결정론이 참이라 하더라도 우리의 선택과 행위는 여전히 자유로울 수 있을 겁니다.

이러한 양립가능론자의 주장이 정말로 양립불가론이 틀렸음을 결정적으로 보여주었는지 여부는 분명하지 않습니다. 양립불가론이 옳은지 아니면 양립가능론이 옳은지에 대해서는 아직까지 철학자들 사이에 합의가 이루어져 있지 않습니다. 하지만 분명 자유와 책임은 우리 삶의 의미 및 가치와 밀접하게 관련되어 있는 매우 중요한 철학적 주제입니다.

자유와 책임의 정체가 정확히 무엇이며 이와 관련하여 철학자들 사이에서 이루어지고 있는 논쟁이 앞으로 어떻게 흘러가게 될지에 대해서는 예상하기 어렵습니다. 많은 문제들이 아직도 합의가 이루어져 있지 않은 채로 남겨져 있습니다. 이러한 사실은 자유와 책임에 대한 우리의 고민을 어렵고 복잡하게 만듭니다. 하지만 이는 너무나도 중요한 문제이기 때문에 여전히 깊이 고민해볼 만한 가치가 있습니다. 자유와 책임에 대한 진지하고 깊은 고민은 누구에게나 어떤 방식으로든 충분히 가치 있는 일입니다.

더 얘기할 거리

1 설사 양립불가론이 참이라 하더라도 결정론이 거짓이라면 우리는 여전히 자신의 선택과 행위에 대해 책임을 가질 수 있습니다. 반대로 설사 결정론이 참이라 하더라도 양립가능론이 참일 경우 우리는 여전히 자신의 선택과 행위에 대해 책임을 가질 수 있습니다. 오직 양립불가론과 결정론이 둘 다 참인 경우에 한하여 자유와 책임을 가질 수 없다는 결론이 따라 나옵니다. 여러분은 결정론에 대해 어떻게 생각하시나요? 여러분은 양립불가론과 양립가능론 중 어떤 입장이 더 설득력이 있다고 생각하시나요?

2 양립불가론자들은 만약 결정론이 참이라면 우리는 어떠한 경우에도 달리 행할 수 없을 것이며 오직 달리 행할 수 있었던 경우에 한하여 우리는 책임을 가질 수 있기 때문에 결정론이 참일 경우 도덕적 책임은 불가능하다고 주장합니다. 하지만 몇몇 양립가능론자는 이러한 양립불가론자의 주장에 대해 결정론이 참이라는 사실로부터 우리가 어떠한 경우에도 달리 행할 수 없었다는 귀결이 따라 나오는 것은 아니라고 비판합니다. 이러한 비판은 설득력이 있나요? 더 나아가, 혹시 양립가능론자가 양립불가론자의 주장에 대해 제기할 수 있는 다른 종류의 비판은 없을까요?

3장

타인을 얼마나 고려해야 할까?

이기주의와 이타주의

모든 행위는 이기적인 동기에서 출발할까?
심리적 이기주의

수능날만 되면 유독 강력한 한파가 찾아온다는 말이 전설처럼 내려오더니, 올해도 이 말은 어김없이 맞아 떨어졌습니다. 슬기와 친구들은 이른 새벽부터 동아리 선배들이 수능을 치를 고사장 정문 앞에 서서 응원 문구가 적힌 팻말을 들고 힘껏 소리쳐 응원했습니다. 잔뜩 긴장한 얼굴을 하고 고사장으로 들어가는 선배들의 입에서도, 목청껏 응원 구호를 외치던 후배들의 입에서도 연신 하얀 입김이 뿜어져 나왔습니다.

슬기가 고등학교 1학년이던 작년에는 수능날의 응원 행사가 마냥 신나기만 한 이벤트였지만 올해는 응원을 전하는 마음이 부쩍 무거워졌습니다. 내년 이맘때쯤이면 나도 수험생으로서 저 문을 지나가리라 생각하니 왠지 팻말을 들고 있는 두 손이 더 얼어붙는 것 같았습니다.

슬기는 응원을 마치고 집으로 돌아가는 길에는 동아리 친구인 승현이와 아침 일찍 문을 연 분식집에 들러 뜨끈한 국물을 호호 불어 마셨습니다. "이제 우리 차례"라며, 대화의 주제는 자연스럽게 대학 입시로 흘렀습니다. 승현이는 이제 본격적으로 공부에만 집중해야 할 시기이니까 2년 동안 꾸준히 하고 있던 동아리 활동과 봉사 활동을 모두 중단하겠다고 했습니다. 그러면서 슬기에게도 같은 결정을 내리는 것이 좋지 않겠느냐고 물었습니다.

동아리는 원래 1학년과 2학년을 주축으로 운영되기 때문에 별로 고민하지 않아도 되었습니다. 하지만 봉사 활동은 순전히 슬기의 선택에 달린 문제였습니다. 슬기는 당장 마음을 정하기가 어려워서 대답을 얼버무렸습니다.

슬기는 이주노동자들을 지원하는 기관에서 일주일에 세 시간씩 통역 봉사활동을 하고 있었습니다. 문화적 차이와 언어소통의 한계로 인해 어려움을 겪고 있는 이들을 돕는 일은 슬기에게 무척 의미 있고 즐거운 일이었습니다. 사실 처음에는 봉사 활동 경력이 대학 입시에 도움이 되고 외국어 실력을 늘리는 데도 도움이 되리라는 생각이 있었지만, 막상 일을 시작하자 어려운 이들을 돕는 데서 오는 기쁨은 그 무엇과도 비교가 되지 않는다는 사실을 깨닫게 되었습니다.

슬기가 대답을 얼버무리자 승현이는 바쁜 수험생 시기에 봉사 활동을 계속하는 것은 어리석은 일이라며 슬기를 설득하기 시작했습니다. 2년이라는 기간 동안 꾸준히 봉사 활동을 해왔기 때문에 이만하면 대학 입시에도 충분히 도움이 되지 않겠느냐는 것이었습니다. 승현이는 슬기가 목표로 삼은 대학에 합격하기 위해서는 이제 24시간 동안 공부만 해도 모자라며, 그렇게 결단력이 없어서는 수십 만 명이나 되는 수험생들과의 경쟁에서 도태되기 딱 좋다는 매서운 충고도 덧붙였습니다.

슬기는 앞으로 1년간 봉사 활동을 그만두냐 마냐의 문제는 둘째

치고라도, 승현이가 여태껏 대학 입시에 도움이 된다는 이유에서만 봉사 활동을 해왔다는 것을 고백하는 것만 같아서 속에서 반발심이 슬그머니 일어나 쏘아붙였습니다.

"너 2년 동안 봉사 시간 채워서 대학이나 가려고 그랬던 거니?"

그랬더니 승현이는 도리어 영문을 모르겠다는 투로 답했습니다.

"그게 어때서? 안 그러는 사람 있니? 너도 마찬가지였잖아?"

슬기도 아주 다르지는 않았었지만, 슬기에게는 분명 그 이상의 의미가 있었습니다. 슬기는 승현이의 말에 수긍한다면 그동안의 보람이 퇴색되는 것 같아 곧바로 항변했습니다.

"처음에 이기적인 동기가 없었다곤 말하지 못하겠지만, 그 일을 하면서 내가 얼마나 보람을 느꼈는지는 너도 알고 있잖아?"

승현이는 차분하게 대답했습니다.

"나는 뭐 순 억지로만 했는 줄 아니? 나도 당연히 보람이야 느꼈지. 그렇지만 그것도 결국 다 자기 만족 아니겠어? 남은 1년 동안 대학 입시 준비에 매진해서 좋은 대학에 가는 것보다 봉사 활동을 지속하는 것이 너에게 더 큰 만족감을 준다면, 나도 말리지는 않을게. 누구에게나 자기 이익을 충분히 고려해서 결정을 내릴 권리가 있으니까. 너도 너 자신에게 뭐가 더 큰 이득이 될지 한번 잘 따져봤으면 해."

집으로 돌아오는 길에 승현이의 말을 곱씹을수록 슬기는 혼란스러워졌습니다. 승현이의 논리대로라면 봉사 활동을 하고 나서 슬기가 느낀 기쁨과 보람은 모두 자기 만족일 뿐입니다. 그러므로 슬기가 봉사 활동을 지속한다는 결정을 내린다 해도 결국 스스로의 이익에 기반하여 결정을 내리게 되는 셈입니다.

'정말 그런가?' 슬기는 마음 속에서 이기심과는 완전히 다른 종류의 선한 동기를 찾으려 애써보지만 왠지 자신이 없어져만 가는 기분입니다.

• • •

우리는 다른 사람을 고려하지 않고 자기 이익만을 우선시하는 행위들을 가리켜 이기적인 행위라며 비난하곤 합니다. 특히 다른 사람의 이익과 자기 이익이 직접적으로 충돌하는 경우에 한결같이 자기 이익만을 고려하여 행위하는 사람이 있다면, 대부분의 사람들은 그런 이기적인 사람과 어울리고 싶어 하지 않을 것입니다. 먹을거리를 나눠 먹을 때는 자기가 더 많은 몫을 차지하려 하고, 힘을 합쳐 어려운 일을 해내야 하는 경우에는 자기만 쏙 빠지려 하고, 어떤 경우에도 결코 자리 양보를 하지 않으려 한다면 말입니다.

그런데 심리적 이기주의라는 입장을 지지하는 이들은, 눈에 띄게 자기 이익만을 우선시하는 몇몇 사람들뿐만 아니라 모든 사람이 실제로는 오로지 이기적인 동기에 의해서만 행위한다고 주장합니다. 이들은 누가 보아도 이기적인 행위라고 비난할 법한 행위들은 물론이고, 다른 사람의 안녕을 고려한 것처럼 보이는 행위들 또한 그 동기를 자세히 들여다보면 궁극적으로 자신의 이익만을 고려한 데서 나온 것이라고 봅니다. 인간이라는 존재를 근본적으로 이타적일 수 없는 존재로, 즉 언제나 자신의 이익만을 고려할 수밖에 없는 이기적인 존재로 보기 때문입니다. 다른 사람을 도우면서 느끼는 보람이 이타적인 마음에서 나온 것이 아니라 근본적으로 자기 만족에 불과하다고 본 승현이와 같은 이들은 심리적 이기주의자에 가까운 셈입니다.

그러나 심리적 이기주의는 단 하나의 반례만 존재해도 설득력을 잃게 됩니다. 누군가 모든 장미는 빨갛다고 주장한다고 가정합시다. 이 주장은 빨갛지 않은 장미가 하나만 존재하더라도 거짓이 되겠지요. 이와 마찬가지로, 모든 행위는 이기적인 동기에서 나온다는 주장은 진정으로 이타적인 동기에서 행해진 행위의 사례가 있다면 설득력을 잃게 될 것입니다. 이처럼 모든 인간에게 해당하는 보편적인 사실 판단은 기본적으로 설득력을 유지하기가 매우 까다롭습니다.

여기에 심리적 이기주의자들은 인간의 모든 행위를 자기 이익에 기반한 행위로 해석할 수 있다고 대응할 수 있습니다. 달리 말해, 심리적 이기주의자들은 '자기 이익'이라는 개념의 범위를 확장하여 우리가 일반적으로 생각하는 것보다 훨씬 많은 것들을 자기 이익에 포함되는 것으로 간주함으로써 자신의 주장을 강화하는 전략을 취할 수도 있습니다. 승현이의 주장처럼 말이지요.

승현이 봉사 활동이란 건 결국 다 자기 만족 아니겠어? 좋은 대학에 가는 것보다 봉사 활동을 지속하는 것이 너에게 더 큰 만족감을 준다면, 나도 말리지는 않을게.

승현이의 주장은, 예컨대 자신의 금전적 이익이나 건강, 또는 대학 합격과 같이 미래에 얻기를 기대하는 갖가지 보상들만 자기 이익에 해당되는 것이 아니라, 남을 돕는 데서 얻는 만족감이나 기쁨도 자기 이익에 해당되는 것으로 볼 수 있다는 것입니다. 이렇게 심리적 이기주의자들은 진정으로 이타적인 것처럼 보이는 행위도 잘 살펴보면 자기 이익이라는 동기로부터 나온 이기적인 행위로 해석될 수 있다고 주장함으로써 쉽게 물러나지 않습니다.

그러면 다른 사람을 돕기 위해서 자신의 건강이나 재산을 심각하게 희생하거나 심지어 자신의 생명까지도 희생하는 경우는 어떨까요? 모든 사람이 언제나 자기 이익만을 고려해서 행위한다는 주장이 다른 이들을 돕고 나서 만족감이나 보람을 느끼는 사례들에 의해서는 반박되지 않는다고 하더라도, 자신의 생명까지도 희생해가며 다른 사람을 구하려 하는 의인의 사례에 의해서는 여지없이 반박되는 것이 아닐까요? 생명의 위험을 무릅쓰고 타인의 생명을 구하려는 행위를 심리적 이기주의자들은 어떻게 이기적인 행위로 해석할 수 있을까요?

만일 자신의 생명을 희생해가며 다른 이를 돕고자 한 의인의 행위조차도 자기 이익만을 고려한 이기적인 행위로 해석될 수 있다면, 이때 '이기적'이라는 말은 평소에 우리가 생각하는 의미와는 너무 동떨어진 의미를 갖게 되어버리는 것이 아닐까요?

더 얘기할 거리

1 승현이는 슬기가 다른 이들을 돕는 봉사 활동을 하면서 느낀 보람에 대해 결국 "다 자기 만족" 아니냐고 말합니다. 여러분은 앞의 이야기에서 슬기가 봉사 활동을 하면서 느낀 보람이 승현이의 의견처럼 자기 만족에 불과한 것이라고 생각하나요?

2 앞서 우리는 심리적 이기주의가 어떤 입장인지 살펴보았습니다. 심리적 이기주의란 모든 사람이 실제로는 이기적인 동기에서만 행위한다고 보는 입장입니다. 그렇다면 심리적 이기주의자들은 자신의 생명을 무릅쓰고 물에 빠진 이를 구하는 사람의 행위를 어떤 방식으로 설명할 수 있을까요?

3 심리적 이기주의가 맞다고 가정해봅시다. 그러면 우리의 삶은 어떻게 달라질까요? 만일 슬기가 봉사 활동에서 느낀 보람이 결국 자기 만족일 뿐이라는 승현이의 의견에 동의하게 되었다고 가정한다면, 봉사 활동을 그만둘지 말지를 선택하는 것에서 더 나아가 슬기의 앞으로의 삶이 어떻게 달라질 것인지 상상해봅시다. 슬기의 삶은 크게 달라질까요?

내 이익만을 고려해도 될까?

윤리적 이기주의

준희는 세계사 과제물의 제출 마감 기한이 이틀밖에 남지 않아서 걱정이 태산 같습니다. 이번 세계사 과제의 주제인 구텐베르크 인쇄술 혁명을 자세히 다룬 좋은 연구 서적이 있다는 세계사 선생님의 말씀을 듣고서 책의 이름을 메모해두었지만 책이 쉽게 구해지지 않았기 때문입니다.

큰 서점에도 재고가 없다고 하고, 온라인 배송은 일주일 후에나 도착한다 하고, 근처 공공 도서관 홈페이지에는 모두 대출 중이라고 떴습니다. 그냥 인터넷 자료만을 참고할까 싶기도 했지만, 역사학도가 되고 싶은 준희의 진로 희망을 고려하면 이번 과제에서 좋은 평가를 받는 것이 매우 중요하기에 준희는 대충 넘기고 싶지 않왔습니다.

준희는 책을 구할 묘책이 떠오르길 바라는 마음으로 복도를 서성이다가, 중학교 동창이자 준희처럼 역사학과 지망생인 유진이의 반으로 가서 고민을 이야기해보기로 했습니다. 쉬는 시간이었지만 유진이는 이번 세계사 과제를 하면서 참고가 될 만한 자료들을 정리하느라고 여념이 없었습니다. 유진에게 말을 걸려던 찰나, 준희는 유진이가 들여다보고 있는 책이 자기가 찾고 있는 바로 그 책이라는 것을 발견하고는 눈이 휘둥그레졌습니다.

"유진아! 너 이 책 갖고 있었구나! 안 그래도 이 책을 구할 방법이 없을까 해서 물어보러 왔는데, 혹시 다 봤으면 내일까지 이 책 좀 빌려줄 수 있겠니?"

유진이는 선뜻 대답을 하지 못하더니 "나도 내일까지 봐야 하는데…"라며 말을 흐렸습니다.

"그럼 내일 밤에라도 빌려줄 수는 없겠니? 내가 너희 집 근처로 갈게." 준희가 간청하자, 유진이는 "이거 정말 어렵게 구한 건데…"라며 또다시 말을 흐렸습니다.

'쳇, 이미 충분히 봤는데도 빌려주기 싫어서 그러는 거 아니야? 실망이야, 김유진.' 준희는 괜히 섭섭한 마음이 들었습니다. 준희는 점심을 먹으며 아무래도 다른 방법이 없으니 유진에게 다시 한번 부탁해봐야겠다고 마음을 굳혔습니다.

학교 식당에서 교실로 돌아가는 길에 준희는 복도 창문 너머로 유진이네 반 교실을 힐끗 들여다봤습니다. 마침 유진이네 반 아이들은 다음 교시인 체육 수업을 위해 체육관에 갈 채비를 하고 있었고, 유진이의 책상 위에는 바로 그 책이 놓여 있었습니다. 준희는 고민에 휩싸였습니다.

'유진이는 이미 저 책을 충분히 참조한 것 같아. 이제 저 책이 진짜 필요한 사람은 나야.'

'내가 무슨 생각을 하는 거지? 나는 친구의 과자는 몰래 뺏어 먹어봤어도 이 정도로 나쁜 짓은 저질러본 적이 없는데…. 헛된 생각은 하지 말자.'

'나는 그 책이 정말 필요하다구!'

'이를 어쩌지…?'

'만일 누가 보기라도 한다면? 그러면 큰일이지. 나에게도 막심한 손해야. 만일 아무도 눈치채지 못한다면? 그러면… 책을 훔치면 안 될 이유가 없잖아?'

'훔치다니…? 그건 정말 나쁜 짓이잖아. 해서는 안 돼.'

'훔치는 게 아니라 빌리는 거야. 내일까지만 본 다음 다시 몰래 돌려놓으면 되니까.'

‘유진이가 의심하지 않을까? 유진이가 나를 의심해서 소문을 퍼뜨리지 않을까?’

‘내가 시치미를 떼면 아무도 유진이의 말을 곧이 곧대로 믿지는 않을 거야. 책을 다시 돌려놓은 후에는 소문이 나더라도 곧 잠잠해질 거라고.’

‘나는 지금 절박해. 이 정도면 나의 이익만을 고려해도 괜찮은 상황이지.’

‘지금 같은 상황에서 내 이익보다 유진이의 이익을 더 중요하게 고려해야 할 이유는 어디에도 없다고!’

준희는 머릿속을 쏜살같이 휘감는 생각들에 사로잡혀 한참 동안 우두커니 서 있었습니다.

• • •

앞에서 살펴본 심리적 이기주의는 인간의 모든 행위가 궁극적으로 자신의 이익만을 고려하는 데서 비롯한다고 보는 견해입니다. 그런데 심리적 이기주의는 인간이 어떤 동기에서 행위하는지를 정확히 기술하는 데 관심을 둔 이론이기에, 무엇이 옳고 그른지에 대해서는 아무것도 말해주지 않습니다. 이와 달리 윤리적 이기주의는 윤리적으로 무엇이 옳고 그른지에 대한 견해를 표명하는 이론으로, 자기 자신의 이익을 도모하는 것만이 개인의 유일한 의무라고 봅니다. 달리 말하면, 우리가 타인을 배려하지 않고 자신의 이익만을 추구한다고 해서 윤리적으로 비난할 수 없으며, 오히려 자신에게 가장 이익이 되는 것을 추구해야만 한다는 것입니다.

윤리적 이기주의를 지지하는 사람들은 반드시 심리적 이기주의를 전제로 받아들여야 할까요? 꼭 그런 것은 아닙니다. 만일 심리적 이기주의가 맞다면, 우리가 타인을 배려하는 것은 근본적으로 불가능하므로, 타인을 배려하는 것이 올바르다고 주장할 여지가 없어집니다. 따라서 이 경우에는 윤리적 이기주의가 설득력 있는 윤리 이론의 유일한 후보로 남게 될지도 모릅니다. 그러나 심리적 이기주의가 틀린 견해라고 하더라도, 즉 우리가 때때로 이타적으로 행동하는 것이 가능하다고 하더라도, 이타적으로 행위할 필요가 없다고 주장할 수도 있습니다.

윤리적 이기주의자들은 우리 행위의 동기가 실제로 어떠한지의 문제와는 별개로, 옳고 그름의 유일한 기준은 우리 자신에게 이익이 되는지의 여부이며 타인을 위해 자기를 희생할 필요는 없다고 주장합니다.

그렇다고 해서 윤리적 이기주의가 어떤 경우에도 다른 이들을 돕지 말아야 한다고 주장하는 것은 아닙니다. 다른 사람을 돕는 일이 자기 이익을 도모하는 데 기여하는 한, 윤리적 이기주의자의 관점에서도 다른 사람을 돕는 일은 올바르다고 여겨질 수 있습니다. 다만 이 경우에 타인을 돕는 일이 바람직한 이유는 그 자체가 올바른 행동이기 때문이 아니라 그것이 나에게 이득이 되기 때문이겠지요.

윤리적 이기주의를 옹호하는 사람들이 제시하는 근거들 중에서 대표적인 근거 두 가지를 간략히 살펴봅시다. 첫째, 나에게 가장 도움이 되는 일은 나 자신이 가장 잘 행할 수 있으므로 각자 자신의 이익만을 추구하는 것이 모두에게 최선이라는 것입니다.

(준희) 친구에게 무엇이 도움이 될지 섣불리 짐작해서 행동했다가, 친구를 돕기는커녕 친구 일을 방해할 수도 있어. 차라리 각자가 스스로에게 최선의 행동을 하는 것이 불필요한 간섭을 줄일 수 있는 방법이야.

준희의 말처럼, 다른 사람을 도우려다가 오히려 해를 끼칠 수도 있는 경우라면 윤리적 이기주의를 유효한 처방으로 삼을 수 있을지도 모릅니다.

나아가 모두가 각자의 이익을 최대로 추구할 때만이 '보이지 않는 손'에 의해 공공의 이익이 가장 잘 실현된다는 고전 경제학의 아이디어를 윤리의 영역에까지 적용해본다면, 각자가 이기적으로 행위하는 것이 모두에게 최선인 결과를 만들어내는 가장 효율적인 방식이라고 생각할 수도 있습니다.

그러나 모든 상황에서 자신만이 스스로에게 가장 도움이 되는 일을 가장 잘 행할 수 있다고 말할 수 있을까요? 우리는 종종 타인의 도움을 반드시 필요로 하는 상황에 놓일 수밖에 없다는 사실, 우리가 크고 작은 도움을 주고받으며 서로의 이익에 기여하고 있다는 사실을 떠올려본다면, 각자에게 이득이 되는 것만을 추구하는 것이 모두에게 최선이라는 생각에는 재고의 여지가 있어 보입니다.

또한 각자 자기 이익을 추구하는 것이 모두에게 최선이라는 생각은 각각의 이익이 충돌하는 수많은 경우들, 즉 윤리적 사고가 가장 절실하게 요구되는 경우들에서 과연 손쉽게 의지할 만한 원리가 될 수 있을까요?

마지막으로, 각자가 자기 이익을 추구하는 것이 모두에게 최선이라는 생각에는 이기주의를 넘어서 모두에게 도움이 되는 방식대로 행하는 것이 올바르다는 이타주의적 요구가 포함되어 있는 것은 아닐까요? 만일 그렇다면, 윤리적 이기주의자들의 이러한 주장은 궁극적으로 윤리적 이기주의를 지지하는 근거라고 보기 어렵지 않을까요?

둘째, 개인의 가치에 호소하여 윤리적 이기주의를 정당화하는 사람들도 있습니다. 이 세상에서 단 한 번의 삶을 살아가는 개인은 누구와도 대체될 수 없는 고유한 가치를 지닌 존재입니다. 각자의 한 번뿐인 삶은 개개인의 관점에서 그 무엇과도 바꿀 수 없으므로, 자신이 가치 있게 여기고 소중히 여기는 것에 따라 삶을 살아나갈 권리가 있다는 것입니다.

이러한 근거에 따라 윤리적 이기주의를 정당화하려는 사람들은 어떤 윤리 이론이 타인의 이익을 위해서 자신의 이익을 희생해야만 한다고 요구한다면, 그러한 윤리 이론은 개인의 가치를 충분히 존중하지 않는 처사일 것이라고 주장합니다. 다른 이의 건강보다는 우선 나의 건강을 위해 영양가 있는 음식을 먹고 충분한 수면을 취하는 것에는 전혀 문제가 없어 보입니다. 그래서 이처럼 자신의 이익을 우선적으로 고려하는 것은 자신의 삶을 소중히 여길 권리가 있는 개인들이 따라야 할 유일한 윤리 이론이라고 주장합니다.

그러나 누군가가 개인의 삶, 개인의 선택, 개인의 이익이 가치 있는 것이라는 생각에 동의한다고 해서, 어떤 경우에도 나의 이익만을 우선적으로 고려해야 한다는 생각까지 받아들여야만 하는 것일까요? 타인에게 심각한 해를 입히는 행위를 함으로써 이득을 볼 수 있는 경우를 생각해봅시다. 이런 경우에도 언제나 나의 이익만을 우선해도 될 정도로 내 삶이 특별하다고 보아야 할까요? 내 삶이 나에게 특별하다는 것은 그런 의미일까요?

또한 다음과 같이 생각해볼 수 있습니다. 언제나 자신의 이익을 타인의 이익보다 중요하게 고려해야 한다는 주장이 설득력을 얻으려면, 나 자신이 타인보다 가치의 측면에 있어 언제나 우위에 있다는 근거가 필요해 보입니다. 그러나 나의 관점에서 내 삶과 다른 사람의 삶이 어쩔 수 없이 다르게 여겨질 수밖에 없다는 사실을 받아들인다고 해서, 나와 타인의 가치가 동등하지 않다는 사실까지 받아들여야 하는 것은 아닐 수도 있습니다. 그러면 나라는 개인의 가치와 타인의 가치가 동등하지 않다는 가치 기준에 기반하여 항상 나를 다른 사람보다 중요시해도 괜찮은 걸까요?

더 얘기할 거리

1 심리적 이기주의와 윤리적 이기주의는 어떤 점에서 차이가 있는 입장으로 이해해야 할까요? 이 질문과 관련하여 이 책 1장에서 살펴봤던 사실 판단과 가치 판단의 구분과 연결지어 생각해보는 것도 좋겠습니다.

2 세계사 과제에 필요한 책을 눈앞에 두고 고민하고 있는 준희. 여러분이 준희와 같은 상황에 놓여 있다면 어떻게 행동할 것인가요? 또한 '준희가 유진의 책을 몰래 가져가도 되는가?'라는 질문에 대해서 윤리적 이기주의자들은 어떤 답변을 할 수 있을까요? 윤리적 이기주의자들에게 '가져가도 된다'와 '가져가면 안 된다'고 답하는 것이 모두 가능하다면 각각 어떤 근거를 들 수 있을까요?

3 윤리적 이기주의를 지지하는 근거 중에서는 누구나 단 한 번 살아가는 삶 속에서 나 자신을 소중하게 여길 권리가 있다는 근거가 있었습니다. 이와 같은 근거는 나를 다른 사람보다 언제나 더 중요하게 생각하고 행위하는 것을 정당화할 수 있을까요?

세 번째 이야기

타인의 안녕을 어느 정도까지 고려해야 할까?

이타주의

나치 강제수용소에 갇힌 유태인 노동자 1천여 명을 구출해낸 인물 오스카 쉰들러를 다룬 영화 〈쉰들러 리스트〉를 보고 나서, 선우는 이제까지 경험해보지 못한 벅찬 감동에 사로잡혔습니다. 영화가 남긴 긴 여운을 느끼며 자리를 뜨지 못하고 있을 무렵, 선우는 문득 인생에서 가장 추구할 만한 가치가 있는 목표는 바로 쉰들러와 같은 이타적인 사람이 되는 것이라는 생각이 들었습니다.

'나도 진정한 이타주의자가 되고 싶어. 나보다는 다른 사람을 언제나 먼저 배려해야지. 누구보다 앞장서서 어려움에 처한 사람들을 돕겠어.' 선우는 이타적인 사람이 되기 위해서 타인의 이익을 언제나 나의 이익보다 우선적으로 고려해야겠다고 결심했습니다.

선우는 이때의 결심이 수포로 돌아가지 않도록 영화가 끝날 즈음 자신을 뒤흔들었던 감동의 순간을 자주 상기했습니다. 선우는 타인의 이익을 언제나 자신의 이익보다 우선시하기 위해서 아무리 사소한 것이라도 남에게 양보할 수 있는 기회를 놓치지 않으려고 노력했습니다. 버스에서의 자리 양보는 물론이고, 버스를 기다리는 줄에서 자기 뒤에 다른 이가 와서 서 있으면 선우는 슬그머니 맨 뒤로 가서 섰습니다. 거리에서 무거운 짐을 나르고 계시는 어르신이 있으면 얼른 달려가 도와드렸고, 군것질거리를 사먹고 싶을 때 꾹 참고 그 돈을 모아두었다가 모금함에 넣었습니다.

영화 동아리 신입 부원 모집 날짜가 다가왔습니다. 선우에게 영화는 마음을 움직이는 강력한 힘을 가진 매체였습니다. 영화에 매료된 선우는 영화를 함께 관람하고 감상을 나눌 수 있는 친구들을 만나보고 싶어서 이날만을 손꼽아 기다려왔습니다. 모집 인원은 10명으로 제한돼 있었는데, 동아리방 앞에 가보니 생각보다 많은 수의 학생들이 영화 동아리 가입 신청서를 쓰기 위해 기다리고 있었습니다.

선발 기준을 물었더니, 간단한 영화퀴즈를 통해서 선발하기로 결정했다는 대답이 돌아왔습니다. 장르를 가리지 않고 영화를 즐겨봤던 선우는 영화퀴즈 풀기에는 누구보다 자신이 있었습니다.

그렇지만 선우는 이내 마음이 어두워졌습니다. 자신이 선발될 경우, 자신이 신청하지 않았다면 영화 동아리 활동을 할 수 있었을 어떤 친구가 자기 때문에 동아리 활동을 하지 못하게 된다는 생각이

든 것입니다. 선우는 다른 친구의 자리를 뺐는다고 생각하니 불편한 마음이 커져갔습니다.

'쉰들러처럼 이타적인 사람은 이런 상황에서 어떻게 할까?'

'타인의 이익을 언제나 우선하는 것이 옳으니까, 내가 가입 신청을 하는 건 옳지 않아.'

'예전부터 정말 가입하고 싶었던 동아리인데…. 그래도 이타적으로 행동하는 게 훨씬 더 가치 있는 일이겠지.'

선우는 가입 신청서를 주머니에 구겨넣고 터덜터덜 교실로 돌아왔습니다.

• • •

윤리적 이기주의가 받아들이기 어려운 입장이라고 생각하는 사람들은 설령 자신에게 이득이 되지 않는다 하더라도 때로는 타인의 안녕을 진심으로 고려하여 이타적으로 행위할 필요가 있다는 것, 즉 이타주의에 동의하는 셈입니다. 그러면 어떤 행위들이 이타적인 행위들로 간주될 수 있을지에 대해서, 달리 말해 이타적인 행위의 범위가 어디까지라고 봐야 할지에 대해서 조금 더 논의해보도록 합시다.

이타적인 행위라고 하면 우리의 머릿속에 떠오르는 전형적인 모습은 자리를 양보하거나 위급한 상황에서 생명을 구하는 등 다른 이에게 직접적으로 도움을 주는 행위들일 것입니다. 그러나 이타적인 행위에는 다른 사람에게 직접적으로 도움이 되는 행위뿐만 아니라, 다른 사람에게 실제로 도움이 될지 안 될지 아직 알 수는 없지만 다른 사람들이 입을 수도 있는 피해를 미리 방지하는 행위도 포함된다고 볼 수 있습니다.

예를 들어, 한겨울에 눈이 쌓여 얼어붙은 계단을 내려가다가 미끄러질 뻔했다고 해봅시다. 이때 내가 다시 그 계단을 지나칠 일이 없다고 하더라도, 운이 나빠 미끄러져 큰 사고를 당할 수도 있는 누군가를 걱정하여 계단에 쌓인 눈을 치우거나 제설제를 뿌린다면, 이러한 행위는 이타적인 행위에 해당할 것입니다. 타인을 진심으로 염려하는 마음이 없었다면 하지 않았을 행동이기 때문입니다.

또한 이타적인 행위에 반드시 자기 희생이 포함되어야 하는 것은 아닐 수 있습니다. 예를 들어, 무거운 짐을 나르고 있는 사람을 문 앞에서 마주쳤을 때 그 사람의 편의를 생각해서 잠깐 동안 문을 대신 열어주었다고 해봅시다. 이때 내가 이렇다 할 자기 희생을 치렀다고 보기는 어렵지만 이 행위는 분명 나보다는 타인의 이익을 고려하는 마음에서 나온 이타적인 행위인 것처럼 보입니다.

마지막으로, 전적으로 이타적인 동기로부터 나온 행위만을 이타적인 행위라고 간주해야 하는지 생각해봅시다. 타인을 염려하는 마음에서 나온 행위이기는 하지만 나에게도 도움이 되는 일이라는 판단이 함께 포함되어 있다면 이타적인 행위라고 볼 수 없을까요?

이 질문에 대한 대답을 고민하기 위해서 우리가 이타적인 행위와 이기적인 행위를 구분할 때 전제로 삼는 생각들이 무엇인지를 먼저 묻는다면 도움이 될 것입니다. 우리는 어떤 행위를 할 때 언제나 한 가지 동기에 의해서만 행위할까요? 나에게 도움이 된다는 동기와 남에게 도움이 된다는 동기가 함께 섞여서 작용하곤 하지는 않나요?

타인을 염려하는 마음과 자기 이익을 염려하는 마음이 섞여서 행위의 동기를 이룰 수 있다고 할 때, 둘 중에서 자기 자신을 돌보는 마음이 언제나 더 중요하게 고려되어야 한다고 주장한다면 윤리적 이기주의 입장에 가까울 것입니다. 그러나 나에게 이익이 된다는 이유만으로 다른 이를 돕는 것이 아니라면, 나의 이익과 타인의 이익을 더불어 고려한 가운데 다른 이를 돕는 행위를 이타적인 행위로 볼 수는 없을까요? 항상 나를 위한 행위와 남을 위한 행위라는 두 가지 가능성만 있다고 가정해야 할 이유가 있을까요?

(선우) 타인의 이익을 언제나 우선하는 것이 옳으니까, 내가 가입 신청을 하는 건 옳지 않아.

모든 상황에서 타인의 이익만을 우선적으로 고려해야 한다는 선우의 입장을 극단적인 이타주의라고 부를 수 있다면, 이처럼 극단적인 이타주의를 따라야 한다고 주장하는 사람은 많지 않을 것입니다. 다만, 나에게 미칠 손익만을 따지지 않고 다른 사람들을 진심으로 위할 수 있고 또한 때때로 그래야만 한다고 생각하는 사람에게는, 이기주의보다는 이타적 행위를 허용하고 장려하는 입장이 더욱 설득력 있는 윤리적 입장이 될 것입니다.

더 얘기할 거리

1 어떤 경우에도 타인의 이익을 자신의 이익보다 우선적으로 고려해야 한다는 생각에서 영화 동아리의 가입 신청을 포기한 선우. 오랫동안 가입을 희망해왔으면서도, 선우가 영화 동아리의 신입 부원이 될 기회를 포기하는 것은 옳은 일이라고 생각하나요? 내가 선우의 친한 친구라면 가입 신청서를 내지 않고 교실로 돌아와 내심 낙담해 있는 선우에게 어떤 말을 해줄 수 있을까요?

2 우리가 받아들일 만한 이타주의가 자신의 이익을 완전히 포기할 것을 요구하지는 않는다고 가정해봅시다. 그러면 우리가 받아들일 만한 이타주의는 자신의 이익을 어느 정도까지 포기할 것을 요구한다고 생각하나요? 구체적인 상황들을 상상해봅시다.

3 여러분이 일상 속에서 흔히 또는 드물게 목격하는 이타적인 행위들에는 어떤 것들이 있나요? 그리고 그런 행위들을 목격했을 때, 어떤 생각이나 기분이 들었나요? 나아가 그것들이 우리의 삶에서 어떤 영향을 미치고 있다고 생각하나요?

4 좋은 삶을 살기 위해서는 이타적인 행위를 하는 것이 필수적인 요인이라고 생각하나요? 달리 말해, 이타적인 행위를 하려고 별로 노력하지 않으면서도 좋은 삶을 사는 것이 가능하다고 생각하나요? 가능하다고 생각한다면 좋은 삶의 필수적인 요건은 무엇이며 그 이유는 무엇이라고 생각하나요?

4장

모두에게 최선인 일을 해야 할까?

공리주의

첫 번째 이야기

즐거운 일을 해야지

행위 결과주의와 쾌락주의

기관사 재연은 평소처럼 클래식 음악을 들으며 여유롭게 기차를 운전하고 있었습니다. 그러던 와중 갑자기 브레이크가 말을 듣지 않기 시작했습니다. 기차는 점점 빠르게 움직였고 이리저리 조작해 보았지만 속력은 줄어들지 않았습니다.

이때 전방에 갈림길이 보였습니다. 오른쪽 길에는 5명의 사람이 있었고 왼쪽 길에는 1명의 사람이 있었습니다. 재연이 판단하기에 현재 기차를 멈추는 것은 불가능했으며 만약 왼쪽으로 기차의 진행 방향을 바꾸지 않는다면 기차는 오른쪽 길로 달려가 5명과 충돌할 것으로 예상되었습니다.

하지만 기차의 진행 방향을 왼쪽으로 바꾼다면 기차는 왼쪽 길에

있는 1명과 충돌할 터였습니다. 더불어 현재 기차의 속력을 고려할 때 누가 되었든 간에 기차와 충돌한 사람은 모두 사망할 것처럼 보였습니다.

• • •

이 사례에서 재연은 무엇을 선택해야 할까요? 물론 이견이 있을 수 있겠지만 상당수의 사람들은 재연이 기차의 진행 방향을 왼쪽으로 바꾸어야 한다고 생각할 것입니다. 왜냐하면 어쨌든 5명이 죽는 것보다는 1명이 죽는 편이 결과만을 고려했을 경우 덜 나쁘기 때문입니다.

이러한 생각은 우리는 항상 주어진 상황에서 가장 좋은 결과를 가져다주는 행위를 해야 한다는 원리를 통해 설명될 수 있습니다. 재연이 처한 상황에서 최선의 결과를 가져다주는 선택지는 기차의 방향을 왼쪽으로 바꾸는 선택지입니다. 만약 재연이 아무런 조작도 하지 않고 기차가 오른쪽으로 달리도록 방치한다면 결국 5명이 기차에 부딪혀 죽게 될 것입니다. 어쨌든 5명이 죽는 것보다는 1명이 죽는 편이 결과만을 고려할 경우 덜 나쁩니다. 따라서 위 원리에 따라 판단할 경우 재연은 비록 1명이 죽게 된다 하더라도 기차의 진행 방향을 왼쪽으로 바꾸어야 합니다.

사실 이 원리는 우리가 일상적으로 행위의 옳고 그름을 판단할 때 자연스럽게 전제하는 원리이기도 합니다. 도둑질은 나쁜 행위입니다. 왜 그런가요? 이는 물건의 주인에게 피해를 입히는 행위이기 때문입니다. 살인은 나쁜 행위입니다. 왜 그런가요? 이는 살해당한 사람과 그 가족에게 큰 아픔과 슬픔을 가져다주는 행위이기 때문입니다. 우리는 도둑질이나 살인이 잘못된 행위인 이유를 그것이 가져다주는 나쁜 결과를 지적함으로써 설명할 수 있습니다.

이번에는 옳은 행위의 사례를 살펴봅시다. 물에 빠진 아이를 구해주는 행위는 도덕적으로 올바른 행위입니다. 왜 그런가요? 이는 해당 행위가 좋은 결과를 가져다주기 때문입니다. 생명을 구한 어린아이는 안도감을 느낄 것이고 부모는 감사함을 느낄 겁니다. 더불어 어린아이를 구한 사람은 보람을 느낄 겁니다. 이는 분명 좋은 결과를 가져다주며 우리는 바로 이러한 사실에 근거하여 해당 행위가 도덕적으로 올바른 행위라고 판단합니다.

이렇듯 실제로 우리는 행위의 옳고 그름을 따질 때 종종 그 행위가 일으킨 결과를 살펴봅니다. 이러한 활동은 행위가 일으킨 결과가 그 행위의 옳고 그름과 관련하여 중요한 의미를 가질 수 있다는 자연스러운 생각을 전제합니다. 우리는 할 수 있는 한 좋은 결과를 가져다주는 것을 해야 하며, 나쁜 결과를 가져다주는 것은 하지 말아야 합니다. 만약 우리의 행위가 누군가에게 피해를 입힌다면 우리는 그것을 하지 말아야 합니다. 반대로 만약 우리의 행위가 여러 사람들에게 도움이 된다면 우리는 그것을 해야 합니다.

이러한 생각이 옳다면 우리는 행위의 옳고 그름에 대해 항상 다음과 같은 기준에 따라서 판단할 수 있는 것처럼 보입니다: 주어진 상황에서 가장 좋은 결과를 가져다주는 행위 그리고 오직 그러한 행위만이 도덕적으로 올바른 행위이다. 이러한 원리를 행위 결과주의라고 합니다.

하지만 어떤 결과가 좋다는 것 혹은 나쁘다는 것이 정확히 무슨 뜻일까요? 물론 우리는 대체로 직관적인 수준에서 무엇이 좋은 결과이고 무엇이 나쁜 결과인지 판단할 수 있습니다. 분명 도둑질이나 살인은 나쁜 결과를 가져다주고 물에 빠진 아이를 구해주는 행위는 좋은 결과를 가져다줍니다.

하지만 여기서 우리가 어떤 결과가 나쁘다고 말할 때 정확히 무엇을 말하고 있는 것인지, 또한 어떤 결과가 좋다고 말할 때 정확히 무엇을 의미하고 있는 것인지에 대해서는 다양한 답변이 존재합니다. 그중 한 가지 자연스러운 답변은 다음과 같습니다. "어떤 결과가 좋다는 것은 그것이 즐거움을 가져다준다는 것이고 어떤 결과가 나쁘다는 것은 그것이 고통을 가져다준다는 것이다." 결과의 좋음과 나쁨에 대한 이러한 종류의 설명을 쾌락주의라고 부릅니다.

쾌락주의는 결과의 좋음과 나쁨이 무엇인지 그럴듯하게 설명해줍니다. 도둑질은 분명 나쁜 결과를 가져다줍니다. 하지만 도둑질이 가져다주는 결과는 왜 나쁜 걸까요? 물건의 주인은 자신의 물건을 도둑맞아 속상해할 겁니다. 더불어 속상함은 분명 고통에 속합니다. 따라서 도둑질은 고통, 즉 나쁜 결과를 일으키는 행위인 겁니다. 그렇다면 살인은 어떤가요? 앞서 말한 것처럼 살인은 살해당한 사람과 그 가족들에게 큰 아픔과 슬픔을 가져다줍니다. 이 또한 분명히 고통을 가져다줍니다. 따라서 살인 또한 고통, 즉 나쁜 결과를 일으키는 행위입니다.

이번에는 물에 빠진 아이를 구해주는 행위를 생각해봅시다. 우리가 물에 빠진 아이를 구해줄 경우 생명을 구한 어린아이는 안도감을 느낄 것이며 부모는 감사함을 느낄 겁니다. 더불어 어린아이를 구한 우리는 보람을 느낄 겁니다. 이는 모두 즐거움을 가져다줍니다. 따라서 물에 빠진 아이를 구해주는 행위는 즐거움, 즉 좋은 결과를 일으키는 행위입니다.

그렇다면 행위 결과주의를 받아들이는 쾌락주의자는 도둑질이나 살인은 나쁜 행위이고 물에 빠진 아이를 구해주는 행위는 올바른 행위인 이유를 그럴듯하게 설명할 수 있습니다. 도둑질이나 살인은 고통을 일으키며 바로 이것이 도둑질이나 살인이 잘못된 행위인 이유입니다. 반대로 물에 빠진 아이를 구해주는 행위의 경우 이는 즐거움을 일으키며 바로 이것이 물에 빠진 아이를 구해주는 행위가 올바른 행위인 이유입니다.

더 얘기할 거리

1 우리는 보통 설사 1명이 죽게 된다 하더라도 재연이 기차의 진행 방향을 왼쪽으로 바꾸어야 한다고 판단합니다. 더불어 이러한 판단은 앞서 살펴본 바와 같이 행위 결과주의에 의해 그럴듯하게 설명됩니다. 하지만 행위 결과주의를 통하지 않고서는 문제의 판단을 설명할 수 없는 걸까요? 행위 결과주의가 해당 판단에 대한 유일한 설명일까요?

2 쾌락주의에 의하면 어떤 결과가 좋다는 것은 그것이 즐거움을 가져다준다는 것이고 어떤 결과가 나쁘다는 것은 그것이 고통을 가져다준다는 것입니다. 하지만 즐거움을 가져다주지 않더라도 좋은 결과가 있을 수 있지 않을까요? 또한 고통을 가져다주지 않더라도 나쁜 결과가 있을 수 있지 않을까요?

모두에게 즐거운 일을 해야지

공리주의

식품회사를 경영하는 하람은 어느 날 부하 직원으로부터 다음과 같은 보고를 들었습니다. “사장님, 저희 회사의 냉동장치가 고장나서 내일 출고하기로 되어 있는 A 식품을 만드는 데 필요한 재료들이 모두 상해버렸습니다.”

부하 직원으로부터 보고를 들은 하람은 깊은 고민에 빠졌습니다. 상한 재료로 A 식품을 만들어 출고할 경우 이를 섭취한 사람들은 배탈로 인해 고생하게 될 가능성이 높았습니다. 하지만 상한 재료를 모두 폐기 처분한 후에 새로 재료를 주문하여 A 식품을 만들어 판매할 경우, 비용도 비용이지만 계약한 내용대로 A 제품을 내일 곧바로 출고하는 것은 도저히 불가능했습니다. 이는 그렇잖아도 어려운 회사의 재정 상태에 막대한 악영향을 끼칠 것이 분명했습니다.

물론 회사의 이익만을 고려해서 상한 재료로 A 식품을 만들라고 지시하는 것 또한 여러모로 망설여지는 선택지였습니다. 왜냐하면 상한 재료로 A 식품을 만들어 출고할 경우 회사는 이익을 보게 되겠지만 결국 A 식품을 소비하게 될 많은 사람들이 피해를 입게 될 것이 분명했기 때문입니다. 이러한 사실을 생각하면 단지 회사의 이익만을 고려하여 상한 재료를 사용하여 A 식품을 만들 것을 지시하는 것은 나쁜 행위인 것처럼 보였습니다.

하지만 하람은 회사의 경영자로서 회사의 이익을 최대화하는 결

정을 내리고 싶었습니다. 물론 상한 재료로 A 식품을 만들어 출고할 경우 많은 사람들이 배탈로 인해 고생하게 될 테지만 이는 어쨌든 회사가 겪을 어려움은 아니었기 때문입니다.

하람은 결국 부하 직원에게 상한 재료를 그대로 사용하여 A 식품을 만들 것을 지시했습니다. 그리고 예상한 바와 같이 많은 사람들은 상한 재료로 만든 A 식품을 먹고 나서 배탈이 나서 고생하게 되었습니다.

• • •

우리의 행위는 때로 누군가에게는 좋은 결과를 가져다주면서 동시에 다른 누군가에게는 나쁜 결과를 가져다줍니다. 따라서 행위의 옳고 그름을 평가함에 있어서 우리는 과연 누구에게 일어난 결과의 좋음과 나쁨을 고려해야 하는지를 고려해볼 필요가 있습니다. 동일한 논점은 다음과 같은 질문으로도 표현됩니다. "행위의 옳고 그름을 평가함에 있어서 우리는 과연 누가 겪게 될 즐거움과 고통을 고려해야 하는가?"

많은 사람들은 이 이야기에서 상한 재료로 A 식품을 만들어 출고하라고 지시한 하람의 행위가 도덕적으로 잘못되었다고 생각할 것입니다. 하람은 상한 재료로 A 식품을 만들어 출고할 것을 지시하는 대신, 이를 모두 폐기 처분하고 설사 회사가 손해를 입는다 하더라도 재료를 새로 주문하여 신선한 재료를 사용하여 A 식품을 만들 것을 지시했어야 합니다.

왜 하람의 선택은 도덕적으로 잘못된 것일까요? 그 이유는 상한 재료로 만들어진 A 식품을 먹게 될 사람들이 겪게 될 고통을 하람이 진지하게 고려하지 않았기 때문입니다. 즉 하람은 자신 혹은 자신과 가까운 일부 사람들이 겪게 될 즐거움과 고통 외에도 모두가 겪게 될 즐거움과 고통을 함께 고려하여 결정을 내렸어야 했습니다. 이것이 하람의 결정이 도덕적으로 잘못된 이유입니다.

이러한 생각은 다음과 같은 원리로 일반화될 수 있습니다. "주어진 상황에서 모두에게 일어나게 될 즐거움의 총량에서 고통의 총량을 뺀 값을 최대화시켜주는 행위 그리고 오직 그러한 행위만이 도덕적으로 올바른 행위이다." 이러한 원리는 행위 결과주의와 쾌락주의를 결합한 것으로, 공리주의라고 합니다.

공리주의자라면 하람의 선택이 잘못된 이유를 다음과 같이 설명할 겁니다. 주어진 상황에서 하람에게는 두 가지 선택지가 있었습니다. 첫째, 하람은 상한 재료를 그대로 사용하여 A 식품을 만들어 출고할 것을 지시할 수 있었습니다. 둘째, 하람은 손해를 감수하더라도 상한 재료를 모두 버린 후 새로 주문한 신선한 재료를 사용하여 A 식품을 만들어 출고할 것을 지시할 수 있었습니다.

여기서 첫 번째 선택지를 고른 하람의 선택은 도덕적으로 잘못되었습니다. 하람의 결정으로 인해 회사는 당분간은 이익을 보게 되었을 겁니다. 더불어 이러한 이익으로 인해 즐거움을 느끼게 된 사람들 또한 소수 있었을 것입니다. 하지만 상한 재료로 만들어진 A 식품을 먹고 배탈이 나서 고생한 사람들의 고통까지 함께 고려되었을 때 하람의 선택은 분명 도덕적으로 잘못된 선택입니다. 왜냐하면 즐거움과 고통의 총량을 따져보았을 경우 하람의 선택은 둘째 선택지가 선택되었을 경우 일어나게 될 결과보다 나쁜 결과를 가져다주었기 때문입니다.

공리주의는 이와 같이 하나의 행위가 누구에게는 즐거움을 가져다주지만 동시에 다른 이에게는 고통을 가져다주는 경우, 우리가 과연 무엇을 선택해야 하는지에 대해 분명한 답변을 줍니다. 우리는 언제나 모두가 겪게 될 즐거움과 고통의 총량을 고려하여 최선의 결과를 가져다주는 쪽을 선택해야 합니다.

더 얘기할 거리

1. 공리주의에 따르면 우리는 행위의 옳고 그름을 평가함에 있어서 모두가 겪게 될 즐거움과 고통을 함께 고려해야 합니다. 이에 대해 어떻게 생각하시나요? 공리주의는 설득력이 있는 것 같나요?

2. 공리주의는 하람이 상한 재료를 모두 폐기처분하고 새로 신선한 재료를 주문하여 A 식품을 만들 것을 지시했어야 한다는 우리의 직관적인 판단을 만족스럽게 설명해주는 것처럼 보입니다. 하지만 공리주의가 과연 이에 대한 유일한 설명일까요? 다른 방식의 설명은 불가능할까요?

꼭 모두에게 좋은 일을 해야 할까?
공리주의의 어려움들

어느 날 친구와 함께 햄버거 가게에 들어선 현서는 친구가 지갑을 집에 두고 왔다는 사실을 알게 되었습니다. 평소에 친구에게 여러모로 도움을 많이 받았던 현서는 이번이 보답할 좋은 기회라는 생각이 들어 친구에게 햄버거를 사주었습니다.

하지만 불행히도 친구는 햄버거를 먹고 나서 식중독에 걸려 병원에 입원하게 되었습니다. 이 소식을 알게 된 현서는 친구에게 병문안을 가기로 결심했습니다. 병원에 가기 위해 버스를 기다리는 동안, 현서는 자신이 사준 햄버거를 먹은 후 식중독에 걸린 친구를 생각하면서 마음이 점차 심란해졌습니다. 현서는 심란해진 마음을 진정시키기 위해 핸드폰으로 음악을 들었습니다.

친구가 입원한 병원은 생각보다 거리가 있어, 가는 동안 계속 음악을 듣다 보니 핸드폰 배터리가 평소보다 일찍 닳아 이내 전원이 나가버렸습니다. 그런데 하필이면 핸드폰 전원이 나가버린 직후 현서의 또 다른 친구 가온이 현서에게 전화를 걸었습니다. 며칠 전 현서와 다툰 일로 현서에게 사과하고 싶어서였습니다. 하지만 핸드폰이 꺼져 있어 현서는 전화를 받지 못했습니다.

병원에 도착한 현서는 친구가 입원한 병실에 가기 전 갈증을 느껴 병원 1층에 있는 편의점에 잠시 들렀습니다. 편의점에 들어선 후 현서는 콜라를 마실지 생수를 마실지 고민하기 시작했습니다.

현서는 콜라를 좋아합니다. 하지만 현서는 어제 또 다른 친구인 서온과 건강을 위해 앞으로 일주일 동안 절대로 콜라를 먹지 않기로 약속했었습니다. 서온은 현서와의 약속이 너무나도 사소해서 이러한 약속이 있었다는 사실조차 이미 잊어버렸습니다. 따라서 현서가 콜라를 마시든 말든 서온이 겪게 될 즐거움과 고통은 아무런 차이가 없을 것입니다. 하지만 어쨌든 현서는 친구인 서온과의 약속을 지켜야 한다고 생각했고 결국 콜라 대신 생수를 마시기로 했습니다.

• • •

분명 공리주의는 행위의 옳고 그름에 대한 그럴듯한 입장 중 하나입니다. 하지만 우리는 공리주의에 대해 몇 가지 문제를 제기해 볼 수 있습니다. 먼저 이 이야기에서 친구에게 햄버거를 사준 현서의 행위는 분명 고통을 가져다주었습니다. 따라서 만약 공리주의가 옳다면 이로부터 현서의 행위는 잘못된 행위라는 결론이 따라 나올 겁니다.

하지만 친구에게 햄버거를 사준 현서의 행위가 잘못된 행위인가요? 그렇지 않습니다. 친구에게 햄버거를 사준 현서의 행위는 선의에서 비롯된 것이며 현서에게는 친구가 햄버거를 먹고 나서 식중독에 걸릴 것이라고 생각할 어떠한 이유도 없었습니다. 현서의 행위가 불행히도 예상치 못했던 어떤 고통을 일으키게 되었다고 해서 이로 인해 현서를 비난하기는 어렵습니다.

그렇다면 공리주의는 분명 어딘가 잘못된 것처럼 보입니다. 공리주의에 의하면 우리는 항상 주어진 상황에서 모두에게 일어날 즐거움의 총량에서 고통의 총량을 뺀 값을 최대화하는 행위를 수행해야 합니다. 하지만 친구에게 햄버거를 사준 현서의 행위는 최선의 결과를 낳기는커녕 오히려 친구에게 식중독으로 인한 고통을 가져다주었습니다. 이는 햄버거 가게에서 그냥 아무것도 주문하지 않고 나온 경우와 비교했을 때 오히려 더 나쁜 결과를 가져왔습니다. 따라서 만약 공리주의가 옳다면 친구에게 햄버거를 사준 현서의 행위는 도덕적으로 잘못된 행위일 것입니다. 하지만 이는 이상한 귀결입니다. 공리주의는 어딘가 잘못된 것이 분명합니다.

공리주의에 의하면 우리는 주어진 상황에서 모두에게 일어나게 될 즐거움의 총량과 고통의 총량을 종합적으로 고려하여 최선의 결과, 즉 가장 좋은 결과를 가져다주는 행위를 수행해야 합니다. 하지만 이러한 생각은 또한 지나치게 많은 것을 꼭 해야만 하는 일로 만들어버릴 위험이 있는 것 같습니다.

우리가 살아가면서 수행하는 상당수의 행위들은 사실 도덕과는 아무런 관련이 없습니다. 예를 들어 현서가 친구에게 병문안을 가는 길에 심란한 마음을 달래기 위해 핸드폰으로 음악을 들은 것은 도덕과는 아무런 상관이 없습니다.

하지만 이는 결국 현서로 하여금 가온과 화해할 기회를 잃어버리게 만들었으며, 즐거움과 고통의 총량에 있어서 분명 어떤 차이를 가져다주었습니다. 만약 현서가 병문안을 가는 길에 핸드폰으로 음악을 듣지 않았다면 현서는 가온의 전화를 받을 수 있었을 것이며 가온과 화해할 수 있었을 것입니다. 즉 핸드폰으로 음악을 듣지 않는 편이 음악을 듣는 편보다 여러모로 더 좋은 결과를 얻게 했을 것입니다.

그렇다고 해서 핸드폰으로 음악을 듣지 않는 것이 현서의 의무였나요? 그렇지는 않습니다. 마찬가지로 밤에 기름진 음식을 섭취하지 않는 것, 아침에 일찍 일어나는 것 또한 결과의 측면에서 보자면 우리에게 더 나은 결과를 가져다줍니다. 하지만 밤에 기름진 음식을 섭취하지 않는 것, 아침에 일찍 일어나는 것이 우리가 꼭 해야만 하는 일인가요? 그렇지 않습니다. 설사 이러한 종류의 일들이 상대적으로 더 좋은 결과를 가져다준다고 하더라도 이는 기껏해야 하면 좋은 일이지 꼭 해야만 하는 일이 아닙니다.

심지어 어떤 행위는 도덕과 모종의 관련을 맺고 있음에도 불구하고 여전히 공리주의에 대해 유사한 어려움을 안겨줍니다. 예를 들어 누군가 지하철에서 다리를 다쳐 목발을 짚고 있는 학생에게 자리를 양보했다고 생각해봅시다. 아마도 문제의 행위가 도덕적으로 칭찬할 만한 행위임에 대해 이의를 제기하는 사람은 없을 것입니다. 하지만 다리를 다쳐 목발을 짚고 있는 학생에게 자리를 양보하는 것이 그 사람의 의무였다고 말할 수 있을까요? 그렇지는 않을 겁니다. 물론 자리를 양보한 행위는 도덕적으로 칭찬할 만한 행위였을 것입니다. 하지만 설사 자리를 양보하지 않았다고 하더라도 그 사람을 도덕적으로 비난하기는 어렵습니다.

주어진 상황에서 자리를 양보하는 것은 분명 모두에게 일어나게 될 즐거움과 고통의 총량을 종합적으로 고려했을 때 최선의 결과를 가져다주는 행위였습니다. 왜냐하면 다리를 다쳐 목발을 짚고 있는 사람이 서서 지하철을 타고 가는 것보다는 그렇지 않은 사람이 서서 지하철을 타고 가는 것이 덜 힘들 것이기 때문입니다. 따라서 공리주의는 여기서 자리를 양보하는 것이 다리를 다치지 않은 사람의 의무임을 함축하고 있습니다. 하지만 이는 받아들이기 쉽지 않습니다.

이처럼 공리주의는 심지어 도덕과 관련되어 있는 행위와 관련하여서도 지나치게 많은 것들을 우리가 반드시 해야 하는 것으로 만들어버립니다. 사실 도덕적으로 칭찬할 만한 행위이지만 도덕적 의무라고는 생각하기 어려운 행위들은 정말 많습니다. 예를 들어 부하 대원들을 구하기 위해 자신을 희생한 군 지휘관의 행위는 숭고하지만, 그것이 그의 의무는 아니었을 것입니다. 오히려 의무로서 요구되는 것이 아니었음에도 불구하고 용감하게 자신을 희생했다는 사실 때문에 우리는 여기서 숭고함을 발견하는지도 모르겠습니다. 여하튼 이러한 사례 또한 공리주의가 지나치게 많은 것을 반드시 해야만 하는 일로 만들어버림을 분명하게 보여줍니다.

심지어 공리주의는 때로 왜 우리가 어떤 일을 반드시 해야만 하는지를 설명하지 못합니다. 왜냐하면 설사 모두에게 발생할 즐거움의 총량과 고통의 총량을 고려할 경우 더 나쁜 결과를 가져다준다고 하더라도 무엇인가를 해야 되는 경우가 있기 때문입니다.

병원에 도착한 현서가 편의점에서 콜라를 사먹는다 하더라도 이로 인해 현서의 친구 서온이 겪게 될 즐거움과 고통은 달라지지 않을 것입니다. 따라서 공리주의자가 여기서 현서의 행위를 평가하기 위해 고려해야 할 것은 오직 현서가 겪게 될 즐거움과 고통뿐입니다. 더불어 현서는 콜라를 좋아합니다. 따라서 주어진 상황에서 현서가 생수 대신 콜라를 마실 때 즐거움의 총량에서 고통의 총량을 뺀 값이 가장 클 것입니다.

공리주의를 따른다면 현서는 콜라를 마셔야 합니다. 왜냐하면 그것이 주어진 상황에서 모두에게 일어나게 될 즐거움의 총량에서 고통의 총량을 뺀 값을 최대화시켜주는 행위이기 때문입니다. 심지어 여기서 생수를 마시는 행위는 도덕적으로 잘못되었을지도 모릅니다. 왜냐하면 이는 즐거움의 총량에서 고통의 총량을 뺀 값을 최대화시켜주는 행위가 아니기 때문입니다.

하지만 현서는 서온에게 콜라를 마시지 않기로 약속했으며 주어진 상황에서 만약 현서가 콜라를 마시는 것은 아무리 사소하더라도 분명 도덕적으로 잘못된 선택일 겁니다. 왜냐하면 이는 약속을 어기는 행위이기 때문입니다. 그렇다면 공리주의는 현서가 해야 하는 일을 오히려 하지 말아야 하는 일로 만들어버립니다. 즉, 공리주의는 때로 왜 우리가 어떤 일을 반드시 해야만 하는지를 설명하지 못합니다. (이 외에도 공리주의는 지나치게 많은 행위들을 허용한다는 반론이 있을 수 있습니다. 이는 다음 장에서 다루어질 것입니다.)

여기서 제시된 여러 반론들에 대해 공리주의자는 다양한 방식으로 답변할 수 있을 것입니다. 따라서 이러한 반론들이 공리주의를 결정적으로 논박하는 것으로 이해될 필요는 없습니다. 하지만 그럼에도 불구하고 공리주의자들은 여기서 제기되고 있는 문제들을 진지하게 고려해야 합니다. 이는 몇몇 공리주의자로 하여금 최소한 자신들의 공리주의를 보다 더 정교하게 다듬거나 일부 수정할 필요성을 느끼게 만들 겁니다.

이러한 다듬기 혹은 수정은 다양한 방식으로 이루어질 수 있습니다. 이는 공리주의의 정의에서 사용된 핵심적인 용어들의 의미를 보다 정밀하게 규정하는 방식으로 이루어질 수도 있습니다. 혹은 앞서 제시된 정의에 대한 보다 적극적인 방식의 수정을 통해서 이루어질 수도 있습니다. 따라서 여기서 제시된 반론들은 공리주의자의 입장에서 그들의 이론이 보다 더 나은 이론으로 발전하기 위한 디딤돌로 사용될 수도 있을 겁니다.

더 얘기할 거리

1 친구에게 햄버거를 사준 현서의 행위는 분명 고통을 가져다주었습니다. 하지만 이는 도덕적으로 잘못된 행위가 아닙니다. 따라서 현서의 행위가 도덕적으로 잘못되었다는 결론으로 이어지는 공리주의는 어딘가 잘못된 것처럼 보입니다. 이러한 비판에 대해 공리주의자는 어떻게 답변할 수 있을까요?

2 만약 현서가 핸드폰으로 음악을 듣지 않았다면 더 좋은 결과들이 일어났을 겁니다. 하지만 현서가 핸드폰으로 음악을 들은 것을 도덕적으로 비난하기는 어려워 보입니다. 따라서 주어진 상황에서 현서가 핸드폰으로 음악을 들은 것이 도덕적으로 잘못되었다고 여기는 공리주의는 어딘가 잘못된 것처럼 보입니다. 이러한 비판에 대해 공리주의자는 어떻게 답변할 수 있을까요?

3 공리주의자는 현서가 왜 콜라를 마셔서는 안 되는지 설명할 수 없는 것처럼 보였습니다. 이러한 비판에 대해 공리주의자는 어떻게 답변할 수 있을까요?

5장

어떤 동기로
행동해야 할까?

의무론

결과가 좋으면 어떠한 행동이든 정당화될 수 있을까?

결과주의와 의무론

시우와 지호는 함께 책을 읽고 그 내용에 대해 토론하는 독서 모임을 운영 중입니다. 이번 달에 읽기로 한 책은 다양한 윤리적 딜레마 상황을 다루는 짤막한 교양서였습니다.

기대를 품고 펼친 책에는 여러 가지 흥미로운 딜레마 상황들이 제시되어 있었습니다. 그중에는 다소 비현실적인 가정들을 포함하여 도저히 현실에서 일어날 것 같지 않은 딜레마 상황들도 있었습니다. 그럼에도 정교하게 다듬어진 가상의 딜레마 상황들은 각자의 윤리적 직관을 보다 분명하게 확인하고 서로의 의견 차이를 첨예하게 드러내는 데 적합했습니다. 여러 딜레마 상황들 중에서도 시우의 눈길을 끈 것은 장기 이식과 관련된 것이었습니다.

딜레마 상황은 이러합니다. 당신은 장기 이식 수술을 비롯한 여러 외과 수술에 정통하여 널리 이름이 알려진 의사입니다. 병원에는 빠른 시일 내에 장기 이식 수술을 받지 못하면 생명이 위태로운 많은 환자들이 입원해 있습니다. 이들은 자신에게 필요한 장기가 병원에 기증되기를 간절한 마음으로 기다리고 있습니다.

환자들 중에는 사회적으로 저명한 인사들도 포함되어 있습니다. 예컨대 생물학 방면에서 탁월한 성과를 보여 장차 난치병 치료의 새로운 지평을 열어줄 것으로 기대되는 한 과학자는 간 이식을 받기 위해 병원에 입원해 있습니다. 또한 경제적으로 열악한 제3세계 국가의 정치 제도를 개선하고 기본적인 인권을 신장하는 데에 핵심적인 역할을 수행해온 한 운동가는 신장 이식을 받기 위해 병원에 입원해 있습니다.

그런데 어느 날 한 사람이 비교적 간단한 용종 절제술을 받기 위해 내원했습니다. 전신 마취되어 수술실에 들어온 환자를 보면서 당신은 문득 이런 생각을 하게 됩니다. "이 사람의 장기를 우리 병원의 다른 환자들에게 이식할 수 있다면 좋을 텐데. 이 한 사람의 목숨을 희생하면 최소한 다섯 명의 환자를 살릴 수 있어. 게다가 이 사람은 별다른 직업 없이 무연고로 독거하는 사람인 반면에 우리 병원의 환자들은 사회 발전과 복리 증진에 크게 공헌하고 있는 사람들이잖아. 비록 이 한 사람에게는 틀림없는 불행이지만 그 대가로 다른 다섯 사람이 큰 행복을 누리고 더 나아가 사회의 공리(功

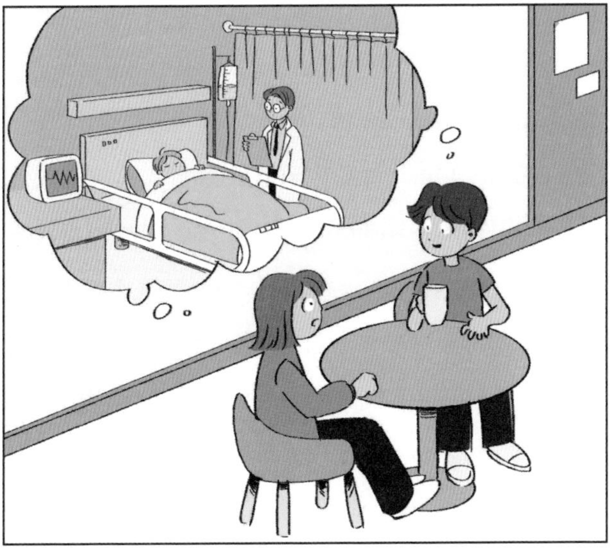

利)가 크게 증가한다면 결과적으로는 더 좋은 일 아닐까?"

자, 이제 선택을 내려야 합니다. 이 사람의 장기를 다른 다섯 환자에게 이식해야 할까요? 아니면 그러지 않아야 할까요?

지호와 만난 시우는 곧바로 물었습니다. "지호야. 너도 책 다 읽었지? 너는 장기 이식 딜레마에 대해서 어떻게 생각하니?"

지호는 대답했습니다. "책은 다 읽었어. 글쎄… 처음에는 어떻게 하는 것이 올바른 일인지 나도 많이 고민했는데, 아무래도 장기를 이식하는 것이 올바른 일인 것 같아. 어쨌든 결과적으로 봤을 때 다섯 명이 죽는 것보다는 한 명이 죽는 것이 낫잖아."

시우는 다소 당혹스러운 마음으로 반문했습니다. “그러면 너는 여럿을 살리기 위해서라면 하나의 목숨은 얼마든지 희생시켜도 상관없다는 거니?”

지호는 대답했습니다. “나라고 개인의 목숨을 가볍게 여기는 것은 결코 아니야. 하지만 무엇이 최선인지 너도 한번 생각해봐. 우리는 장기를 이식하거나 이식하지 않거나 둘 중에 하나만을 선택할 수 있어. 만약 장기를 이식하지 않는다면, 다섯 명의 환자는 기약 없이 장기 기증을 기다리다가 결국 사망에 이를 거야. 반면에 장기를 이식하면 비록 한 명은 죽음에 이르게 되지만 나머지 다섯 명의 환자가 목숨을 구할 수 있어. 물론 둘 다 썩 좋은 결과라고 말할 수는 없어. 어쨌든 누군가는 죽음에 이르게 되니까. 하지만 우리에게 그나마 가능한 최선의 결과는 다섯 명이 아니라 한 명이 죽는 것 아니겠니? 나는 가능한 선택지들 중에서 최선의 결과를 가져올 것을 고른 것뿐이야.”

지호의 대답을 들은 시우는 고민에 빠졌습니다. 시우가 느끼기에 지호의 대답은 일견 선명한 논리를 가지고 있었지만 그럼에도 어딘가 석연치 못한 점이 있었습니다. 장기를 이식하는 것이 정말로 최선의 결과를 가져오는 것일까요? 더 나아가 정말로 최선의 결과를 가져오기만 한다면 어떠한 행동이든 윤리적으로 정당화될 수 있는 걸까요? 시우는 스스로 이 질문들을 되뇌면서 깊은 생각에 빠져들었습니다.

• • •

"모로 가도 서울만 가면 된다"라는 속담이 있습니다. 풀이하자면 결과에 도달하는 과정이야 어쨌건 최종적인 결과만 좋으면 된다는 말입니다. 우리의 행위를 윤리적으로 평가할 때에도 이와 비슷한 관점을 취할 수 있습니다. 과정이야 어쨌건 우리에게 좋은 결과를 가져오기만 하면 해당 행위는 윤리적으로 올바르다는 것이지요.

반면에 아무리 과정이 좋더라도 나쁜 결과를 가져올 뿐이라면 해당 행위는 윤리적으로 그른 것입니다. 이처럼 결과의 좋고 나쁨에 비추어서 행위를 윤리적으로 평가하는 입장을 결과주의라고 부른다는 것을 우리는 앞장에서 살펴보았습니다. 결과주의는 윤리적으로 올바른 삶을 사는 방법에 대해 다음과 같이 말합니다.

(지호) 우리는 할 수 있는 한 좋은 결과를 가져다주는 행위를 해야 해. 그리고 나쁜 결과를 가져다주는 행위는 하지 말아야 해.

결과주의는 우리에게 친숙하고 자연스러운 생각입니다. 사람들은 누구나 자신의 행위가 불러일으킬 결과를 고려하며 행동합니다. 그리고 그 결과가 다른 여러 사람들에게 좋은 영향을 끼칠 때 우리는 그 행위를 윤리적으로 높게 평가하곤 합니다. 예컨대 기본적인 의식주의 측면에서 고통을 겪는 사람이 없도록 하는 것, 무의미한 갈등이나 전쟁으로 고통받는 사람이 없도록 하는 것, 그리고 각자가 나름대로의 즐겁고 행복한 삶을 영위하도록 하는 것. 상식적인 관점에서 볼 때 이러한 행위들은 윤리적으로 칭찬받을 만하고 권장될 만합니다. 그리고 결과주의는 우리의 이러한 상식을 잘 설명해줍니다. 결과주의에 따를 때 최대한의 좋은 결과를 가져오는 행위, 그것이 바로 윤리적으로 올바른 행위이기에 칭찬받고 권장되는 것입니다.

그러나 우리는 한번 생각해볼 필요가 있습니다. 우리 모두에게 최대한으로 좋은 결과를 가져오기만 한다면 어떠한 행동이라도 윤리적으로 정당화될 수 있는 것일까요? 예컨대 거짓말의 경우를 생각해봅시다. 더 좋은 결과를 가져올 수만 있다면 사람을 얼마든지 속여도 괜찮은 것일까요? 폭력의 경우는 어떠할까요? 더 좋은 결과를 가져올 수만 있다면 아무런 잘못이 없는 사람에게 가해진 가혹한 폭력이 윤리적으로 정당화될 수 있는 것일까요? 심지어 사람이 죽고 사는 경우는 어떠할까요? 더 좋은 결과를 가져올 수만 있다면 무고한 한 사람을 죽음에 이르도록 할 수도 있는 것일까요?

만약 이러한 질문들에 선뜻 "그렇다"고 긍정적으로 대답할 수 없다면 우리는 어느 정도 다음과 같은 직관을 공유하는 셈입니다.

(시우) 결과만으로는 정당화될 수 없는 행위들이 있어. 다시 말해, 아무리 좋은 결과를 가져오더라도 결코 해서는 안 되는 행위들이 있다는 거지.

그리고 아무리 나쁜 결과를 가져오더라도 마땅히 해야만 하는 행위들도 있어.

의무론은 바로 이러한 직관을 포착하는 철학적 입장입니다. 의무론에 의하면 결과의 좋고 나쁨은 더 이상 행위의 올바름을 구성하는 유일한 요소가 아닙니다. 행위의 올바름을 구성하는 또 다른 핵심 요소는 바로 절대적인 도덕규범을 마땅히 따르고자 하는 행위자의 순수한 동기 내지는 의도입니다. 만약 도덕규범을 마땅히 따르고자 하는 순수한 동기를 지니고 행동했다면, 아무리 나쁜 결과를 가져오더라도 해당 행위는 윤리적으로 올바릅니다. 반면에 만약 도덕규범을 마땅히 따르려는 순수한 동기를 지니고 행동한 것이 아니라면, 아무리 좋은 결과를 가져오더라도 해당 행위는 윤리적으로 그른 것일 수 있습니다.

예컨대 무고한 사람에게 폭력을 행사함으로써 우리 모두에게 막대한 이익이 발생하는 상황을 상상해봅시다. 결과주의의 입장에서는 다음과 같이 말할 것입니다.

지호 비록 무고한 사람이지만 폭력을 행사할 수밖에 없어. 그게 우리 모두에게 최대한으로 좋은 결과를 가져온다면 말이야. 그것이 윤리적으로 올바른 일이야.

그러나 의무론의 입장에서는 단호하게 말할 것입니다.

(시우) 아무리 좋은 결과를 가져온다고 해도, 무고한 사람에게 폭력을 행사할 수는 없어. 그건 윤리적으로 결코 올바르지 않아. 만약 누군가에게 폭력을 행사하는 것이 막대한 이익을 가져온다면, 그건 윤리적으로 그른 행위를 통해 얻은 이익이야. 이익과 도덕을 혼동해서는 안 돼.

의무론의 입장에서 볼 때 "무고한 사람에게 폭력을 행사하지 말라"라는 도덕규범은 절대적이고 무조건적입니다. 왜냐하면 무고한 사람에 대한 폭력이 윤리적으로 허용되는 상황이란 있을 수 없기 때문입니다. 도덕규범이란 어느 조건하에서도 예외 없이 마땅히 지켜져야만 하는 것입니다.

그리고 우리의 행위는 이러한 도덕규범을 마땅히 따르고자 하는 순수한 동기 내지는 의도에서 나온 것일 때에만 참된 윤리적 가치를 지닙니다. 예컨대 막대한 이익을 가져오는 상황에서도 결코 무고한 사람에게 폭력을 행사하지 않는 것. 이것이 윤리적으로 옳다는 신념을 갖고 이 신념에 따라서 무고한 사람에 대한 폭력에 결단코 반대하는 것. 이처럼 의무론에서는 절대적인 도덕규범과 그 규범을 마땅히 따르려는 우리의 선한 의지를 강조합니다. 의무론에 따르면 윤리의 핵심은 실천의 동기에 있는 것이지 결과에 있지 않습니다.

어쩌면 의무론이 지나치게 이상적이거나 혹은 엄격하게 보일지 모르겠습니다. 그러나 의무론적인 생각들은, 어떠한 측면에서는 분명히 우리에게 매우 친숙한 것들이기도 합니다. 우리는 결과와는 무관하게 마땅히 해야만 하는 일에 대한 관념에 익숙합니다. 우리는 어째서 거짓말을 하지 말아야 하는 것일까요? 우리는 어째서 무고한 사람에게 폭력을 행사해서는 안 되는 것일까요? 우리는 어째서 죄 없는 사람을 죽여서는 안 되는 것일까요? 우리는 이러한 질문들에 "그것이 우리에게 좋은 결과를 가져오기 때문이다"라는 식으로 대답하지 않습니다. 보통 우리는 이렇게 대답합니다. "모름지기 그것이 올바른 일이니까."

그리고 의무론은 우리의 이러한 대답을 잘 설명해주는 철학적 입장입니다. 도덕규범들은 결과와는 무관하게 그 자체로 마땅히 지켜져야 하는 절대적인 지침들입니다. 그리고 이러한 도덕규범을 몸소 실천에 옮기고자 하는 사람이 바로 도덕적으로 선한 사람입니다. 우리는 좋은 결과를 가져오는 사람이 아니라 선한 의도를 품은 사람을 도덕적으로 올바르다고 부릅니다. 의무론은 도덕에 대한 우리의 이러한 상식적 직관과 깊이 맞닿아 있습니다.

더 얘기할 거리

1 장기 이식 딜레마를 두고 의견이 갈린 시우와 지호. 만약 우리가 의사의 입장이라면 과연 어떤 선택을 내려야 윤리적으로 올바를 수 있는 것일까요? 시우와 지호의 의견 중 어느 것이 더욱 설득력이 있다고 생각하나요?

2 결과주의에 따르면 행위의 올바름을 구성하는 것은 바로 결과의 좋고 나쁨입니다. 반면에 의무론에 따르면 행위의 올바름을 구성하는 것은 바로 절대적인 도덕규범을 마땅히 따르고자 하는 행위자의 순수한 동기 내지 의도입니다. 여러분은 결과주의와 의무론 중에서 어떤 입장이 더욱 설득력이 있다고 생각하나요? 예컨대 결과만 좋다면 얼마든지 거짓말을 하고 폭력을 사용해도 괜찮을 것일까요?

3 의무론에 따르면 결과의 좋고 나쁨에 상관없이 반드시 지켜야만 하는 절대적인 도덕규범이 존재합니다. 이러한 절대적인 도덕규범이 과연 있을 수 있다고 생각하나요? 그리고 만약 절대적인 도덕규범이 있을 수 있다고 생각한다면 예컨대 어떤 것들이 그런 도덕규범에 해당할까요?

두 번째 이야기

절대적인 도덕규범에는 어떤 것들이 있을까?

보편 법칙의 정식

고등학교 3학년인 연이는 학급의 반장을 맡고 있습니다. 봉사 정신과 책임감이 남다른 연이는 남들이 귀찮아하는 자질구레하고 하찮은 일부터 학급의 중차대한 일까지 모두 도맡아 수행합니다. 그중의 하나가 바로 매주 청소 당번을 지정하는 일이었습니다.

당연한 이야기일 수 있겠지만 방과 후에 늦게까지 학교에 남아 청소하는 일을 반기는 학생은 별로 없었습니다. 더군다나 대학 입시를 위한 치열한 경쟁 분위기 속에서 학생들은 자투리 시간도 허투루 보내지 않을 만큼 학업에 열중하고 있었습니다. 이처럼 모두가 원치 않는 일이었기에 청소 당번 배정은 학급에서 은근히 예민하고 민감한 주제였습니다. 이러한 사정을 잘 알고 있는 연이는 평소에 청소 당번 지정하는 일을 투명하고 공정하게 처리하여 불필요한 잡음이 발생하지 않도록 만전을 기해왔습니다.

기말고사가 코앞으로 다가온 어느 날이었습니다. 같은 학급의 진서가 연이를 찾아왔습니다.

"연이야. 부탁할 것이 있어."

"응, 뭔데?"

"이번 청소 당번 말이야, 내 차례인데, 혹시 다음 달로 미루어줄 수는 없을까?"

"혹시 무슨 일 때문인지 물어봐도 될까?"

"응. 뭐 때문이냐면…."

진서는 어렵게 이야기를 이어나갔습니다. 진서에게는 늦둥이 동생이 있어서 아직 유치원을 다니는 중이었습니다. 맞벌이를 하는 부모님 대신에 같이 지내는 친할아버지가 평소 동생의 유치원 통학을 챙겼다고 합니다. 그런데 최근에 친할아버지가 감기몸살을 심하게 앓느라 동생의 유치원 통학을 챙겨줄 사람이 필요해졌고, 요즘은 그 역할을 진서 자신이 맡고 있다는 것이었습니다.

"사정이 이렇게 되어버리는 바람에 요즘 방과 후에 바로 유치원으로 가서 동생을 집으로 데려오고 있거든. 할아버지께서 회복하시는 동안에는 내가 동생의 통학을 챙겨야 하는데 청소 당번을 하면 그러지를 못할 것 같아. 그래서 네게 부탁을 하는 거야."

평소에 전혀 예외를 허용하지 않고 순서대로 진행되던 청소 당번 배정이었기에 연이는 고민에 빠질 수밖에 없었습니다. 그러나 진서가 워낙 간곡하게 부탁을 하였고 또한 자신이 보기에도 진서의 사정이 딱하였기에 결국 연이는 진서의 부탁을 들어주기로 했습니다.

문제는 그다음이었습니다. 연이와 진서의 대화를 엿들은 가람이가 연이에게 물어온 것이었습니다.

"연이야. 나도 이번에 청소 당번을 해야 하는 차례인데, 사실…."

말인즉 기말고사가 코앞인 상황에서 준비를 별로 하지 못했기에 일분일초가 아까운 상황이라는 것이었습니다.

"그래서 말인데… 나도 다음 달 청소 당번으로 미루어주면 안 될까? 기말고사만 끝나면 청소 당번 일은 얼마든지 할 수 있어. 부탁이야."

당혹스러워진 연이는 가람이에게 물었습니다.

"가람아. 기말고사를 앞두고 시간이 부족한 건 너뿐만이 아니야. 우리 모두가 마찬가지야. 그런데 공부할 시간이 부족하다는 이유로 청소 당번 차례를 다음 달로 미뤄준다면 어느 누가 이번에 청소 당번을 하려고 하겠니? 누구라도 자기 차례를 다음 달로 미루어주기를 바라지 않겠니? 너의 부탁을 들어주기에는 조금 곤란한 것 같아."

그러자 가람이가 반문했습니다. "하지만 너는 방금 진서의 부탁을 들어줬잖아. 진서의 부탁은 들어주고 나의 부탁은 거절하는 이유가 뭐야? 이건 불공평하지 않니?"

연이는 대답했습니다. "진서의 경우와는 달라. 진서에게는 부탁을 들어줄 만한 사정이 있었어. 그리고 그건 진서에게만 해당하는 특별한 사정이지. 하지만 네가 처한 상황은 우리 모두가 처한 상황이랑 같아. 가람아, 네 부탁은 우리 모두가 동일한 상황에 처해 있는데도 불구하고 유독 너만 특별 대우 해달라는 말처럼 들려."

그러나 가람이는 포기하지 않고 물었습니다. "부탁을 들어줄 만한 사정과 아닌 사정은 누가 구분하는 건데? 진서의 부탁만 들어주고 내 부탁은 거절한다면, 연이 너야말로 진서를 특별 대우 하는 것 아니니?"

연이는 점점 더 당혹스러워졌습니다.

• • •

앞에서 보았듯이 의무론에서 핵심이 되는 개념은 바로 절대적인 도덕규범입니다. 그러므로 절대적인 도덕규범의 내용을 밝히는 일은 곧 의무론의 구체적인 내용을 밝히는 일과 직결됩니다. 그렇다면 절대적인 도덕규범에는 어떤 것들이 있을까요? 의무론을 지지했던 철학자 중 한 명인 이마누엘 칸트(1724~1804)는 절대적인 도덕규범의 내용을 다음과 같이 제시한 바 있습니다. "나는 나의 준칙이 보편적인 법칙이 되어야만 할 것을 내가 의욕할 수 있도록 오로지 그렇게만 처신해야 한다." 이것이 이른바 보편 법칙의 정식이라 불리는 절대적 도덕규범입니다. 이는 과연 무엇을 의미하는 것일까요? 보편 법칙의 정식이 의미하는 바가 무엇인지를 찬찬히 살펴보겠습니다.

우선 우리는 준칙과 법칙의 개념을 구분해야 합니다. 준칙은 우리가 갖는 특정한 주관적 욕구를 조건으로 하여 우리에게 행위 지침을 제공합니다. 예컨대 다음과 같은 준칙을 생각해봅시다.

(연이) 시험에서 좋은 성적을 받기를 원한다면, 공부를 열심히 해야 해.

이 준칙은 우리가 시험에서 좋은 성적을 받기를 원한다는 조건하에서만 효력을 발휘합니다. 대부분의 학생들은 시험에서 좋은 성적을 받기 원하기 때문에 이 준칙이 명령하는 대로 열심히 공부를 하는 것일 터입니다. 반면에 좋은 성적을 받기 원하지 않는다면 더 이상 공부를 열심히 해야 할 필요는 없는 것이겠지요.

또 다른 예로 "배고픔을 해결하기 원한다면, 근처의 식당을 방문하라"라는 준칙도 있을 수 있습니다. 이 준칙은 우리가 배고픔을 해결하기 원한다는 조건하에서만 효력을 발휘합니다. 우리 대부분은 배고픔을 해결하기 원하기 때문에 이 준칙이 명령하는 대로 근처의 식당을 방문하는 것일 터입니다. 반면에 배고픔을 해결하기 원하지 않는다면 근처의 식당을 방문할 필요가 없겠지요. 이처럼 어떤 주관적인 조건하에서만 효력을 발휘하는 명령을 가언 명령이라고 부릅니다.

법칙은 준칙과 달리 보편적인 성격을 지닙니다. 다음의 예시를 생각해봅시다.

(진서) 거짓말을 해서는 안 돼.

이 원칙이 한낱 준칙에 불과하다면, 이는 우리가 특정한 욕구를 가진다는 것을 조건으로 해서 거짓말하지 말라고 명령하는 셈이 되어버립니다. 그러므로 이 특정한 욕구를 공유하지 않는 사람에게는 거짓말이 허용되어버리는 것이지요. "곤경에서 벗어나기 위해서는 거짓말을 해도 된다"라는 식으로 말입니다.

반면에 거짓말을 하지 말라는 원칙이 법칙이라고 가정해봅시다. 이제 거짓말을 하지 말라는 원칙은 우리가 어떤 특정한 욕구를 지니는지와 상관없이 무조건적으로 그리고 보편타당한 명령으로서 제시됩니다. 다시 말해서 어떠한 조건하에서도 거짓말은 금지되는 것이지요. 이처럼 절대적이고 무조건적인 효력을 발휘하는 명령을 정언 명령이라고 부릅니다.

이제 다시금 보편 법칙의 정식을 생각해봅시다. 이 정식은 오직 보편화될 수 있는 준칙에 따라서만 행동하라고 명령합니다. 예컨대 이런 준칙을 생각해봅시다.

(가람) 곤경에서 벗어나기를 원한다면, 거짓말을 해도 돼.

과연 우리는 이 준칙을 보편화할 수 있을까요?

어떤 사람이 경제적으로 치명적인 곤경에 빠진 나머지 거짓 약속으로 친구에게 돈을 빌리려 한다고 가정해봅시다. "곤경에서 벗어나기를 원한다면, 거짓말을 하라"라는 준칙을 보편화할 수 있다면, 돈을 빌리려는 그 친구 또한 동일한 준칙을 보편적인 법칙으로서 가슴 속에 품고 있는 셈이 되어버립니다. 따라서 친구는 이렇게 생각할 테지요. "지금 이 사람은 경제적 곤경에 빠져 있으므로 이로부터 벗어나기 위해서 내게 거짓말을 할 것이다." 그러므로 이 사람은 거짓 약속으로 친구에게 돈을 빌리고자 했던 애초의 목적을 달성하지 못하게 됩니다. 왜냐하면 이 사람이 거짓말한다는 것을 친구 또한 이미 간파하고 있기 때문입니다.

이러한 관찰이 보여주는바 "곤경에서 벗어나기를 원한다면, 거짓말을 하라"라는 준칙은 보편화될 수 없는 준칙이며 따라서 우리는 이러한 준칙에 따라 행동하면 안 됩니다. 이처럼 우리는 과연 특정 준칙이 보편화될 수 있는지를 이성적으로 시험해보는 과정을 거쳐서 절대적인 도덕규범들의 내용을 구체화할 수 있습니다. "거짓말을 하지 말라"는 규범은 그 일례에 해당하는 것이지요.

그렇다면 어째서 준칙의 보편화 가능성이 이처럼 도덕의 시금석 역할을 수행할 수 있는 것일까요? 그 바탕에는 자신이 대접받고 싶은 대로 남을 대접하라는 일종의 황금률적인 도덕 직관이 있습니다. 바꿔 말하면 남들과 달리 특별한 대접을 받기를 원하지 말고, 남들이 대접받는 방식과 자기 자신이 대접받는 방식을 일치시키라는 것이지요. 어째서 그렇게 해야 하는 것일까요?

보편 법칙의 정식이 요구하는 바는 너 자신의 행동을 우리 모두가 똑같이 실천에 옮긴다면 어떤 일이 발생할지를 상상해보라는 것입니다. 만약 그러한 상상이 어떠한 문제를 야기한다면 해당 행동은 윤리적으로 금지됩니다. 반면에 만약 그러한 상상 속에서 아무런 문제도 발생하지 않는다면 그 행동은 윤리적으로 허용됩니다. 여기에는 남들과 달리 오직 자기 자신만을 특별한 존재로 취급하지 말라는 윤리적 요구가 담겨 있습니다.

예컨대 거짓말의 경우를 다시 살펴봅시다. 거짓말은 오직 진실이 통용되는 사회에서만 효력을 발휘합니다. 만약 우리 모두가 거짓말을 일삼는다면 거짓말은 실제로 효력을 발휘하지 못할 것입니다. 왜냐하면 누구도 다른 사람의 말을 믿지 않을 것이기 때문이지요. 그러므로 거짓말하려는 사람은, 남들은 모두 진실을 말하는 가운데 오직 자신만이 거짓말하기를 원하는 사람인 셈입니다. 다시 말해서 거짓말하려는 사람은 다른 모든 이성적 존재들과 달리 자기 자신만이 특별한 존재로 취급되기를 원하는 사람인 것입니다.

새치기의 경우도 마찬가지입니다. 새치기는 질서가 통용되는 사회에서만 효력을 발휘합니다. 만약 우리 모두가 새치기를 일삼는다면 새치기는 실제로 효력을 발휘하지 못할 것입니다. 왜냐하면 누구도 가만히 새치기를 당해주지 않을 것이기 때문이지요. 그러므로 새치기하려는 사람은, 남들은 모두 질서를 지키는 가운데 오직 자신만이 새치기하기를 원하는 사람인 셈입니다. 다시 말해서 새치기를 하려는 사람은, 거짓말을 하려는 사람과 마찬가지로, 다른 모든 이성적 존재들과 달리 자기 자신만이 특별한 존재로 취급되기를 원하는 사람인 것이지요.

그렇다면 어째서 자기 자신을 특별한 존재로 취급해서는 안 되는 것일까요? 물론 각각의 사람들은 자신만의 고유한 개성을 지닌다는 점에서 모두 특별한 존재들이기는 합니다. 하지만 지금 우리가 주목해야 할 점은 모든 인간이 이성적 존재라는 점에서 서로 동등하다는 사실입니다. 그리고 이점에서 우리들 사이의 어떠한 근본적이고 실재적인 차이를 발견하기는 어렵습니다. 그렇기에 오직 자기 자신만이 특별하게 차별 대우를 받아야 한다는 요구를 뒷받침하는 타당한 이유 역시 마찬가지로 발견하기 어려운 것이지요. 우리 모두가 동등한 존재임에도 불구하고 여전히 자기 자신만이 특별한 존재로서 차별 대우를 받기 원한다면 그것은 일종의 이기주의적인 생각이 아닐까요?

지금까지 우리는 "나는 나의 준칙이 보편적인 법칙이 되어야만 할 것을 내가 의욕할 수 있도록 오로지 그렇게만 처신해야 한다"는 보편 법칙의 정식이 구체적으로 무엇을 의미하는지에 관해서 살펴보았습니다. 언뜻 보면 거창하고 난해하지만 사실 그 핵심 메시지는 단순 명료한 것이기도 합니다. 그것은 바로 역지사지(易地思之)의 정신입니다. 스스로가 다른 사람을 대하는 방식으로 다른 사람이 나를 대한다면 어떨 것인지 처지를 바꾸어 생각해보는 것이지요. 바로 우리의 이성을 통해서 말입니다.

어떤 준칙이 보편화될 수 있는지를 이성적으로 시험해보는 과정은 이러한 역지사지의 과정과 크게 다르지 않습니다. 이처럼 의무론에서 주장하는 절대적 도덕규범이란 결코 우리의 현실 생활과 유리된 별세계의 것이 아닙니다. 오히려 이 규범의 내용들은 우리에게 친숙한 도덕의 가르침을 구성하고 있는 것입니다.

더 얘기할 거리

1. 가람이의 부탁에 난처해진 연이. 연이는 가람이의 부탁을 들어줘야 할까요? 혹은 애초에 진서의 부탁을 들어주지 말았어야 했던 것일까요? 연이의 상황에서 어떻게 행동하는 것이 윤리적으로 올바른 것일까요?

2. 보편 법칙의 정식이란 "나의 준칙이 보편적인 법칙이 되어야만 할 것을 내가 의욕할 수 있도록 오로지 그렇게만 처신해야 한다"는 원리입니다. 앞서 우리는 거짓말과 새치기의 사례를 통해서 준칙의 보편화 가능성 시험을 살펴보았습니다. 보편화 가능성 시험을 통과하지 못하는 준칙들로는 또 어떤 것들이 있을까요? 반대로 보편화 가능성 시험을 통과하는 준칙들로는 어떤 것들이 있을까요?

3. 앞서 우리는 보편 법칙의 정식에 오직 자기 자신만을 특별한 존재로 취급하지 말라는 윤리적 요구가 담겨 있다는 점을 살펴보았습니다. 어째서 자기 자신만을 특별한 존재로 취급해서는 안 되는 것일까요? 자기 자신만을 특별한 존재로 취급하는 것은 정말 윤리적으로 부당한 것일까요?

절대적인 도덕규범에는 정말 예외가 있을 수 없을까?

의무론에 대한 비판

은수와 진이는 아주 어려서부터 가까이 지냈고 지금은 중학교를 함께 다니고 있는 막역한 사이입니다. 둘은 적지 않은 부분에서 서로 상이한 성격을 지니고 있습니다. 은수는 차분하고 내성적이면서도 강직하고 고지식한 면이 있는 반면에 진이는 활달하고 외향적이면서 그때그때 상황에 맞추어 임기응변하는 유연함이 있었습니다.

그러나 둘 사이에는 공통점이 더 많았습니다. 결정적으로 둘은 많은 점에서 서로 취향이 겹쳤습니다. 예컨대 둘은 모두 가수 이소라의 팬이었습니다. 둘은 이소라 팬클럽의 온라인 커뮤니티에서 활발하게 활동하는 정규 회원이었습니다. 최근에는 신보가 발매되어 둘이 함께 음반가게를 방문하기도 했습니다. 한동안 둘은 앨범에

수록된 여러 곡들을 품평하면서 시간 가는 줄 모르고 수다를 떨었습니다. 둘은 인기가 별로 없지만 작품성이 뛰어난 곡들을 지난 음반들에서 발굴하여 서로에게 추천해주기도 했습니다. 가수 이소라에 관한 한 둘은 그야말로 영혼의 단짝이었습니다.

하루는 진이가 은수에게 핸드폰 메시지를 보냈습니다. '오늘 9시, 행복아파트 놀이터.' 행복아파트 놀이터에는 벤치가 많고 그 위로 등나무가 우거져 둘이 조용히 대화를 나누기 좋은 장소였습니다. 9시에 아파트 놀이터에 가니 진이가 먼저 와서 은수를 기다리고 있었습니다.

은수가 말했습니다. "진아, 무슨 일이야?"

진이가 말했습니다. "야, 대박! 무슨 일인지 맞춰봐."

"무슨 일인데? 빨리 말해봐."

진이는 주머니에서 작은 종이 쪼가리를 주섬주섬 꺼냈습니다. 처음에는 어두워서 잘 보이지 않았지만 자세히 살펴보니 그것이 공연 예매 티켓이라는 사실을 알 수 있었습니다.

진이가 말했습니다. "나 이소라 콘서트 예매 성공했어!"

은수도 흥분해서 말했습니다. "뭐라고? 와, 대박!"

사실 얼마 전부터 은수는 이소라 콘서트를 보러 가고 싶은 마음이 커져가고 있었습니다. 그런데 때마침 진이가 이소라 콘서트 예매에 성공해서 두 장의 티켓을 갖고 온 것입니다. 진이는 은수에게 같이 콘서트를 보러 가자고 제안했고 은수는 흔쾌히 승낙했습니다.

그런데 갑자기 진이가 은밀하게 속삭였습니다. "대신 부모님한테는 비밀이야. 약속이다, 알았지?" 사정인즉 콘서트가 있는 날 본래 진이는 학원을 가기로 되어 있다는 것입니다. 진이는 부모님한테는 학원을 간다고 거짓말로 둘러대고 콘서트를 갈 심산이었습니다.

갑자기 은수는 어딘가 거북하게 느껴졌습니다. "그냥 부모님한테 사실대로 이야기하고 허락을 받는 게 낫지 않겠어?"

진이는 대답했습니다. "아니야. 쉽게 허락해주실 분들이 아니야. 그리고 이 정도 거짓말은 괜찮아. 약속한 거다, 너!"

은수는 마음 한구석이 편치 않았지만 콘서트 갈 계획에 한껏 들뜬 진이를 보니 말문이 막혔습니다. 은수는 속으로 생각했습니다. '일단 내가 직접 거짓말하는 건 아니니까… 괜찮지 않을까?'

콘서트 날이 되었습니다. 공연장에 먼저 도착한 건 은수였습니다. 바글바글한 공연장 입구에서 은수는 핸드폰을 보며 진이를 기다리고 있었습니다.

갑자기 벨소리가 울려서 받아보니 진이의 부모님이었습니다. "은수야. 혹시 진이가 어디에 있는지 아니? 원래 학원을 가기로 했던 애가 학원에 오지를 않는다고 해서… 얘가 대체 어디로 간 건지 걱정이 돼서 네게 전화했다."

순간 은수는 고민에 빠졌습니다. '나는 거짓말을 하기는 싫어. 거짓말을 하면 마음이 어딘가 찜찜하단 말이야.'

'다른 무엇보다도 거짓말하는 것은 올바르지 않잖아? 진이 부모

님을 속이고 싶지는 않아.'

'하지만 콘서트에 온 것은 비밀에 부치기로 진이랑 약속을 했는데….'

'어떻게 해야 하지? 진이와의 약속을 어기는 것도 마음이 편치 않고 진이 부모님에게 거짓말을 하는 것도 마음이 편치 않아.'

'일단 거짓말로 둘러대고 나중에 진이한테 이실직고하라고 할까?'

'그랬다가 내 거짓말이 들통 나면 어떡해?'

'아니야. 중요한 건 들통 나고 말고가 아니야. 거짓말은 그냥 하면 안 되는 거야.'

'그러면 진이와의 약속은 어겨도 되는 거야?'

'약속을 어기는 것도 거짓말과 마찬가지로 해서는 안 되는 것 아니야?'

왁자지껄한 인파 속에서 은수의 고민은 깊어만 갔습니다.

• • •

앞서 살펴보았듯이 절대적인 도덕규범이 실재한다는 주장은 의무론의 주요한 골자 중 하나입니다. 우리는 어떤 상황에서도 해당 도덕규범을 마땅히 따라야만 합니다. 예컨대 "거짓말을 하지 말라"라는 원칙은 정언 명령으로서 어떤 주관적인 조건에도 의지하지 않고 무조건적으로 그리고 단적으로 우리에게 명령합니다. 어떤 상황에서도 결코 거짓말을 해서는 안 된다고 말입니다.

모든 사람들이 의무론의 이러한 주장에 동의하는 것은 아닙니다. 어떤 사람들은 의무론에 심각한 문제가 있으며, 따라서 의무론을 받아들이기 어렵다고 생각합니다. 이제 우리는 절대적인 도덕규범이 실재한다는 의무론의 주장에 어떠한 어려움이 제기될 수 있는지를 살펴볼 것입니다.

많은 사람들은 절대적인 도덕규범들 사이에서 발생하는 갈등을 의무론의 중대한 어려움으로 지적합니다. 동등하게 절대적인 효력을 발휘하는 도덕규범 A와 B를 생각해봅시다. 만약 A와 B를 동시에 지킬 수 없는 상황이 발생한다면 우리는 A와 B 사이에서 어느 하나를 선택해야만 할 것입니다. 우리가 A를 선택한다고 가정해봅시다. 그렇다면 B라는 도덕규범은 더 이상 절대적인 도덕규범이 아니게 됩니다. 왜냐하면 진정으로 절대적인 도덕규범은 A인 것이며, B는 다만 A가 지켜진다는 조건하에서만 부수적으로 요구되는 도덕규범이 될 터이기 때문입니다. 따라서 절대적인 도덕규범들 사이에서 갈등이 발생한다는 점은 해당 지침들이 절대적인 효력을 발휘한다는 의무론의 주장을 의심스럽게 만듭니다.

사냥꾼에게 쫓기는 사슴을 숨겨주는 옛날 동화 이야기를 생각해봅시다. 자신을 숨겨달라는 사슴의 간절한 부탁을 들어주어 사슴을 창고 뒤에 숨겨주었다고 가정해봅시다. 곧 사냥꾼이 당신에게 와서 물어봅니다. "혹시 도망가는 사슴을 보았나요?" 우리는 뭐라고 대답해야 하는 것일까요? 우리는 여기에서 "거짓말을 하지 말라"라는 규범과 "무고한 생명이 죽음을 당하도록 돕지 말라"라는 규범이 서로 갈등을 일으킨다는 사실을 발견하게 됩니다. 만약 거짓말을 하지 않고 진실을 말한다면 무고한 사슴은 사냥꾼에게 죽음을 당할 것입니다. 반대로 만약 우리가 사슴을 살리고자 한다면 사냥꾼에게 거짓말을 해야만 합니다.

우리는 두 규범을 모두 따를 수 없으며 이중에 오직 하나만을 따를 수 있을 뿐입니다. 그러므로 두 규범이 모두 절대적인 효력을 발휘한다는 주장은 설득력을 잃게 됩니다. 우리는 방금 사냥꾼과 사슴에 관하여 이야기했을 뿐이지만, 이와 유사한 상황을 구체적인 인간관계에서 상상하기는 매우 쉽습니다. 예컨대 나치에게 쫓기는 유대인을 숨겨주는 상황처럼 말입니다.

이러한 반론에 대해서 의무론은 어떻게 대응할 수 있을까요? 한 가지 방법은 규범들 사이의 위계관계를 인정하는 것입니다. 다시 말해서 갈등을 일으키는 두 규범 중 하나는 절대적인 도덕규범이 아니지만 나머지 하나는 여전히 절대적인 도덕규범이라고 주장하는 것입니다. 그러나 이 대답에는 다음과 같은 의문들이 따라붙습니다. 갈등을 일으키는 두 가지 규범 중에서 어느 것이 절대적인 도덕규범에 해당하는 것일까요? 이를 결정하는 합리적이고 설득력 있는 기준이 제공될 수 있을까요? 또한 어째서 이 도덕규범은 절대적인 효력을 갖는 반면에 저 도덕규범은 절대적인 효력을 갖지 않는 것일까요? 그 까닭이 해명될 수 있는 것일까요?

의무론이 겪는 또 다른 주요한 어려움은 의무론의 핵심 정신, 즉 우리 행위의 윤리적 가치는 그 결과가 아니라 순수한 동기에 의해 구성된다는 주장으로부터 비롯합니다. 만약 절대적 도덕규범을 따르고자 하는 순수한 동기로 실천에 옮긴 행위가 우리 모두에게 거대한 재앙을 가져온다면 해당 행위는 여전히 도덕적으로 옳은 행위라고 할 수 있을까요?

대도시의 심장부에 핵폭탄을 설치한 테러리스트의 경우를 상상해봅시다. 핵폭탄이 터진다면 수백만 아니 수천만 명의 사람들이 치명적인 피해를 입게 될 것입니다. 그러므로 우리는 폭발물이 설치된 위치를 신속하게 발견하여 안전하게 제거해야만 합니다. 그런데 테러리스트의 행방은 묘연하고, 우리가 체포한 사람은 국외에 거주 중인 테러리스트의 가족들뿐입니다. 이 가족들은 테러리스트와 오래전에 절연하였으며 지금은 어떻게 지내는지 무슨 짓을 하려고 하는지도 전혀 알지 못합니다. 어쩌면 이제 우리에게 남은 유일한 방법은 이 무고한 가족들을 인질로 삼아 테러리스트의 자수를 기다리는 것일지도 모릅니다. 어쩌면 이 테러리스트를 협박하는 가장 좋은 방법은 이 가족들에게 본보기로 어느 정도의 폭력을 행사하는 것일지도 모릅니다.

그러나 "무고한 사람에게 폭력을 행사하지 말라"라는 원칙은 언제나 지켜져야만 하는 도덕규범입니다. 우리는 이 도덕규범을 어기지 않고서는 우리 모두에게 닥칠 거대한 재앙을 피할 수 없는 셈입니다. 이처럼 거대한 재앙이 예고되는 상황에서도 우리는 다만 절대적 도덕규범을 따르고자 하는 순수한 동기 때문에 폭력에 반대해야 하는 것일까요? 물론 우리는 다음과 같이 대답할 수 있습니다. "그렇다. 아무리 거대한 재앙이 예고된다고 할지라도 우리는 폭력을 사용해서는 안 된다. 부도덕한 일을 저지르는 것보다는 막대한 피해를 감수하는 것이 낫다." 그러나 이러한 대답은 너무나 극단적이어서 도리어 결과적으로는 의무론의 설득력을 떨어트리는 것처럼 보이기도 합니다. 수천만 명의 무고한 시민들이 입을 치명적인 피해를 감수해야만 하는 행위라면 과연 그것이 진정 도덕적인 행위인지 의심스럽기 때문입니다.

의무론의 입장에서는 이러한 물음들에 어떤 대답을 제공할 수 있을까요? 철학적 논쟁에서는 언제나 새로운 물음이 등장하곤 합니다. 이처럼 계속되는 물음에 설득력 있는 답변을 제공하는 것은 결코 쉬운 일이 아니지요. 결과주의와 의무론의 논쟁도 마찬가지입니다. 앞서 첫 번째 절에서 우리는 결과주의에 제기되는 비판에 대해서 살펴보았습니다. 그리고 지금 우리는 반대로 의무론에 제기되는 비판을 살펴보았지요. 각각의 입장에 제기되는 비판적 물음들에 명쾌한 대답이 제공되지 않는 한 결과주의와 의무론을 둘러싼 철학적 논쟁은 결코 멈추지 않을 것입니다. 그렇기에 결국 우리에게 필요한 것은 일종의 인내심, 다시 말해서 물음에 대한 답을 끝까지 추적하고자 하는 진지한 태도일 것입니다.

더 얘기할 거리

1 진이 부모님의 전화를 받고 고민에 빠진 은수. 진이와의 약속을 지키려면 거짓말을 해야만 하고, 거짓말을 하지 않으려면 진이와의 약속을 깰 수밖에 없는 상황입니다. 과연 여러분이 은수의 입장이라면 어떻게 행동했을 것 같나요?

2 의무론에 따르면 행위의 올바름을 구성하는 것은 바로 절대적인 도덕규범을 마땅히 따르고자 하는 행위자의 순수한 동기 내지는 의도입니다. 그러나 절대적인 도덕규범을 따랐을 때 우리에게 엄청나게 안 좋은 결과가 닥친다고 가정해봅시다. 본문에 소개된 테러리스트의 사례를 생각해도 좋습니다. 이처럼 최악의 결과가 예상되는 상황에서도 절대적인 도덕규범을 따르는 것이 윤리적으로 올바른 행위일 수 있다고 생각하나요?

6장

어떤 사람이 될 것인가?

덕 윤리

보편적인 윤리 원칙의 대안은 없을까?

덕 윤리의 특징

오늘은 유빈, 희수, 정수가 조 발표를 성공적으로 끝낸 날입니다. 셋은 원래 그리 절친한 사이는 아니었지만, 두 달 동안 매일 아침 30분씩 일찍 등교해 머리를 맞대고 아이디어를 함께 궁리하면서 사이가 퍽 두터워졌습니다. 사실 발표 준비가 그렇게 순조롭게 흘러가는 편은 아니었습니다. 번번이 셋의 의견이 갈렸기 때문입니다.

그러나 불꽃 튀는 토론을 하면서 셋의 관계는 더 끈끈해진 것 같았습니다. 분위기가 서먹해질 정도로 의견 대립이 팽팽할 때도 있었지만, 의견이 잘 조율되어 발표 준비 과정이 한 단계 앞으로 나아갈 때마다 서로를 더 잘 이해하게 된 것만 같았습니다. 이런 상황에서 뒤풀이는 빠질 수 없었습니다. 셋은 조 발표를 무사히 마친 것을 기념하기 위해 수업이 끝나자마자 떡볶이 가게에서 뒤풀이를 갖기로 했습니다.

오늘따라 떡볶이 가게는 손님들로 북새통을 이뤘습니다. 유빈, 희수, 정수는 가게 밖에서 오랫동안 대기를 하고 나서야 겨우 자리를 잡을 수 있었습니다. 열띤 논쟁으로 서로 얼굴을 붉혔던 순간들이 있었을 만큼 열정이 넘쳤던 발표 준비 과정을 즐겁게 회상하는 대화가 이어졌습니다. 들뜬 기분으로 서로 농담을 주거니 받거니 하다가, 발표를 준비하느라 미처 하지 못했던 보다 개인적인 이야기를 나누는 분위기로 흘러갔습니다.

"부모님은 반대하시지만, 사실 나는 철학과에 가고 싶어."

"어, 너도? 와, 나도 그런데!"

"헐, 뭐라고? 나도 어릴 때부터 철학자가 되는 게 꿈이었어!"

셋이 같은 학과를 지망하고 있다는 사실을 확인하고 한층 더 활기찬 대화가 펼쳐지려는 찰나, 각자의 접시가 텅 빈 것도 알아차렸습니다. 여전히 가게 밖은 삼삼오오 대기하는 사람들로 북적였기에, 셋은 근처 버블티 가게로 자리를 옮겨 대화를 이어나가기로 했습니다.

"계산은 나눠서 하는 거지?"

정수가 대표로 계산을 하고 유빈이와 희수는 나중에 정수에게 돈을 주기로 했습니다. 정수는 가게 사장님에게 5만 원짜리 한 장을 건넸습니다. 사장님은 식사 시간에 몰린 손님들을 상대하느라 거의

뛰다시피 계산대로 와서 정수에게 5만 원을 건네받고 거스름돈을 돌려줬습니다. 정수는 거스름돈을 확인하지 않고 주머니에 찔러 넣었다가 버블티 가게에 도착해서 돈을 세보았습니다.

"어라? 거스름돈이 왜 4만 원이지? 우리 2만 원어치 먹지 않았어? 사장님이 바쁘셔서 거스름돈을 제대로 세지 못하신 모양이네."

희수의 눈이 휘둥그레졌습니다. "우리 횡재한 건가? 만 원이 공짜로 생긴 셈이니 그 돈으로 버블티를 사 먹자! 우리가 발표를 열심히 해서 하늘이 주신 선물인가 봐."

정수는 희수의 말을 곰곰이 되씹다가 말했습니다. "희수야, 어떻게 그렇게 생각할 수 있어? 만 원은 우리 돈이 아니니 우리가 마음대로 써서는 안 돼. 누군가 네가 떨어뜨린 돈을 줍고 돌려주지 않아도 넌 괜찮겠니?"

희수는 맞받아쳤습니다. "아까 손님도 많던데 뭐. 사장님은 오늘 돈 많이 버셨을 거야. 그에 비해 우리는 늘 용돈이 모자라서 버블티도 마음껏 못 사 먹는 학생이잖아. 일일이 기록하지 않으셨던 걸 보면 어차피 사장님은 이 사실을 모르실 텐데, 우리가 즐겁게 그 돈을 쓰는 게 모두에게 행복한 결과인 거지. 안 그래?"

정수는 미간을 찌푸리며 말했습니다. "사장님이 아시든 모르시든 원칙은 원칙이야. 계산이 제대로 되지 않은 거니까 우리는 이것을 바로잡아야 해. 그게 우리의 의무라고!"

희수와 정수는 우리가 이 상황에서 어떻게 해야 옳은지에 대해서 열띤 논쟁을 이어갔습니다. 희수는 설령 우리가 돈을 돌려주는 게 옳다고 하더라도, 그 돈으로 버블티를 사 먹는 즐거움보다 우리가 그 돈을 돌려주고 느끼게 될 뿌듯함과 사장님이 느끼게 될 고마움이 더 크다는 이유에서 옳은 것일 뿐, 어떤 경우에도 돈을 돌려줘야 할 의무 같은 것은 없다고 자신의 입장을 전개해나갔습니다. 정수는 우리의 즐거움을 포기하더라도 마땅히 돈을 가져야 할 사람에게 돌려주는 것이 옳은 것이라고 주장했습니다.

희수와 정수의 논쟁을 듣고 있던 유빈이는 발표를 준비하던 때와 마찬가지로 자신의 입장이 희수와도, 그리고 정수와도 다르다고 느꼈습니다. '이 상황에서 어떻게 해야 할지에 대해 고민할 때, 모든 상황에 적용될 수 있는 보편적이고 추상적인 원리로부터 이유를 끌어올 필요가 있을까?' 유빈이는 희수와 정수의 이러한 방식이 자신과는 좀 맞지 않다고 느꼈습니다.

유빈이는 가만히 생각하다가 입을 뗐습니다. "너희는 어떻게 그 돈을 쓰고도 즐거울 수 있다고 가정할 수가 있니? 우리의 행위가 어떤 결과를 낳을지, 우리의 의무가 무엇인지를 따지기 전에 그 돈을 돌려주지 않으면 내 품격이 훼손되는 것 같아서 찜찜하지 않니? 나는 더 나은 사람이 되고 싶고 내가 닮고 싶은 사람들도 분명히 이 상황에서 돈을 돌려줄 거야. 이렇게 옥신각신할 시간에 얼른 돈을 돌려주는 게 어떨까?"

• • •

똑같이 바람직하다고 여겨지는 행위를 하더라도, 그 행위를 이끌어내는 이유나 동기는 서로 다른 경우가 많습니다. 이 이야기에서처럼 돈을 돌려주느냐 마느냐 하는 선택의 기로에서 똑같이 돈을 돌려주기로 결정한다 하더라도, 누군가는 어느 상황에서나 적용될 수 있는 보편적인 윤리 원칙에 입각하여 돈을 돌려주기로 결심했을 수도 있습니다. 만일 대부분의 사람들이 이러한 방식으로 자신이 무엇을 행할지를 결정한다면, 그 행위를 이끌어낼 보편적인 원리로 어떤 원리를 채택할 것인지, 예컨대 의무론을 채택해야 할지 결과주의를 채택해야 할지가 관건이 될 것입니다.

그러나 일상에서 크고 작은 선택을 내릴 때, 많은 사람들은 자신의 품성이 자연스럽게 이끄는 선택을 내리곤 합니다. 결정을 내리기 어려울 경우에는 이렇게 또는 저렇게 행위하는 것을 내가 이상적이라고 여기는 품성에 비추어보며 그 행위가 나를 더 나은 사람으로 만들어주는지, 내가 이상적이라고 여기는 품성에 더 가까워지도록 하는지를 중심에 놓고 생각하곤 합니다. 달리 말해, 이때 중심이 되는 질문은 "어떤 행위가 그 자체로 옳은가"라는 질문이라기보다는 "내가 그 행위를 함으로써 어떤 사람이 되는가"라는 질문이라고 볼 수 있습니다. 덕 윤리 이론가들은 이러한 방식으로 이루어지는 일상적인 도덕적 추론 과정을 강조하며, 도덕의 문제들은 내가 어떤 사람이 되어야 하는가의 문제와 뗄 수 없다고 봅니다.

내가 병원에 오랫동안 입원해 있다고 가정해봅시다. 병문안을 와주는 친구들이 있다면 매우 반가울 것입니다. 만일 멀리 떨어진 곳에 사는 친구가 바쁜 일정이 있음에도 시간을 내어 와주었다면 무척 고마운 마음이 들 것입니다. 그런데 만일 친구가 나와의 우정을 소중히 여겨서 병문안을 온 것이 아니라, 단지 옳은 일을 하기 위해서 병원에 방문한 것이라면 어떨까요? 그 친구가 나를 진심으로 걱정하고 보고 싶어서가 아니라, 병문안을 오는 것이 자신의 의무라고 여기거나 병문안을 오는 것이 모두에게 최선인 결과를 이끌어낸다고 생각하기 때문에 나를 보러 온 것이라면, 나는 그 친구에게 어떤 마음이 들 것 같은가요?

이번에는 버스에서 몸이 불편해 보이는 사람에게 자리를 양보하는 경우를 생각해봅시다. 똑같이 자리를 양보하더라도, 의무론 혹은 결과주의의 원리에 따라 노약자에게 자리를 양보하는 것이 옳다는 결론을 이끌어냈기 때문에 마지못해 자리를 양보하는 경우와 그 사람을 염려하는 마음이 우러나와 기꺼이 자리를 양보하는 경우는 어딘가 다른 것처럼 보입니다. 덕 윤리 이론가들은 이 차이를 중대한 차이라고 여기며, 무엇이 이러한 차이를 만들어내는지를 설명하고자 합니다.

덕 윤리 이론가들은 훌륭한 교사는 학생들을 잘 교육하는 사람이고, 훌륭한 예술가는 예술적인 자질이 뛰어난 사람이며, 훌륭한 기술자는 탁월한 기술을 가진 사람인 것처럼, 훌륭한 사람 또는 덕 있는 사람은 덕목과 품성을 갖춘 사람이라고 봅니다. 우리는 용기, 친절, 정직, 성실, 심지어 재치까지도 좋은 삶을 살아가는 데 필요한 덕목이라고 여깁니다. 이처럼 다양한 종류의 덕은 그와 상반되는 비굴함, 불친절, 부정직, 게으름과 같은 악덕과 대조되면서 구체적이고 다양한 상황들에서 우리의 행동들을 견인하는 역할을 합니다.

모두가 알다시피, "성실, 정직"이라고 쓰여 있는 급훈을 매일 마주한다고 해서 저절로 성실해지거나 정직해지지는 않습니다. 물론 도덕성이 충분히 발달하지 못한 유년 시기에는 성실해야 한다거나 정직해야 한다는 가르침에 수동적으로 따르기만 했던 경험이 누구에게나 있을 것입니다. 그러나 성실한 사람이나 정직한 사람이 된다는 것은 단순히 성실해야 한다거나 정직해야 한다는 규율에 복종하는 것과는 다릅니다. 덕 윤리 이론가들은 현실 속에서 여러 다양한 상황들에 처할 때, 성실한 사람 또는 정직한 사람의 표본을 마음속에 떠올리며 "그 사람이라면 이 상황에서 어떻게 했을까?"와 같은 질문을 스스로 반복하는 과정이 성실한 사람 또는 정직한 사람이 되어가는 과정이라고 말합니다. 달리 말해, 덕 있는 사람들을 본보기로 삼으며 여러 덕목들을 내 품성으로 깊이 자리 잡게 만드는 과정이 덕 있는 사람이 되는 과정이라는 것입니다.

피아노 영재, 수학 영재는 떠올리기 쉬운 반면, 도덕 영재를 떠올리기는 어려운 것은 덕의 이러한 특성 때문입니다. 덕은 언제 어떻게 행동해야 하는지를 단기간에 학습함으로써 내면화하기 어렵습니다. 타고난 성격에 의해 전적으로 결정된다고 보기도 어렵습니다. 덕 있는 사람이 되기 위해서는 수많은 경험으로부터 비롯하는 통찰력과 상황 판단 능력 등이 필요하기 때문입니다. 이렇게 덕이 나의 품성으로 자리 잡게 되면, 예기치 못한 어려운 상황에 놓일 때 보편적인 윤리 원칙들을 참조하기보다는 덕에 따라 자연스럽게 대처할 수 있다는 것이 바로 덕 윤리 이론가들이 강조하는 점입니다.

더 얘기할 거리

1 더 많이 받은 거스름돈을 떡볶이 가게 사장님께 다시 돌려드릴지 말지에 대해 논의 중인 정수, 희수, 유빈. 여러분이 정수, 희수, 유빈이와 같은 상황에 놓여 있다면 어떻게 행동했을 것 같나요?

2 앞서 우리는 어떻게 행위할지에 대해 고민할 때 '어떤 사람이 되어야 하는가'라는 질문을 중심에 놓고 고민해야 한다는 덕 윤리 이론가들의 견해를 살펴보았습니다. 또한 이들은 이러한 고민의 경험들이 쌓이고 쌓이는 과정을 통해서 덕이 자신의 품성으로 자리 잡을 수 있다고 주장합니다. 이러한 견해에 따르면 타고난 '도덕 영재'는 성립될 수 없는 것 같습니다. 그렇다면 여러분은 '도덕 영재'를 떠올릴 수 있나요? 혹시 현실에서 직접 '도덕 영재'를 목격한 적이 있나요?

3 덕에는 어떤 것들이 있을까요? 우리가 살면서 바람직하다고 여겨왔던 덕목들에 어떤 것들이 있을지 덕의 목록을 최대한 많이 적어볼까요? 이 중에서 덕에 해당하는지 해당하지 않는지가 그리 분명하지 않은 사례들에 대해서 더 토론해봅시다. 예를 들어, 유머 감각도 덕에 해당할까요?

덕 있는 사람이 되려면?
실천적 지혜

진솔이는 고등학교 입학 선물로 〈훌륭한 사람들 따라잡기〉라는 이름의 홀로그램 장치를 선물받았습니다. 이 장치의 메모리칩에는 흔히 역사에 길이 남을 위인이라 여겨지는 '훌륭한 사람들 1,000인'에 선정된 사람들의 인생을 상세히 추적하여 이들 각각이 어떤 상황에서 어떤 행위를 했는지를 집대성한 정보가 들어 있습니다. 몇몇 연구팀의 합동 연구로 몇 년에 걸쳐 만들어진 이 홀로그램 장치는, 우리들 각자가 놓인 상황과 유사한 상황에 놓였던 훌륭한 사람들이 각각의 상황에서 어떤 행동을 했는지를 참조할 수 있도록 하여, 올바른 결정을 간편하게 내릴 수 있게 하려는 취지에서 만들어졌습니다.

예를 들어, 버스에서 노약자를 마주쳤을 때 훌륭한 사람들이 어떻게 했는지를 알고 싶다면, "버스, 노약자"라고 말하기만 하면 훌륭한 사람들의 홀로그램이 차례로 떠서 자신이 처했던 상황에서 어떤 행동을 했는지를 알려주는 식이었습니다. 진솔이의 부모님은 진솔이가 평소에 훌륭한 사람들의 전기를 열심히 찾아 읽는 것을 보고 이를 흐뭇하게 여겨 이 빅데이터 홀로그램 장치를 선물한 것이었습니다.

한편, 진솔이는 이제 고등학생이 되었으니 좀 더 어른스러워지고 싶다는 생각과 함께, 가정 형편이 어려운 어린이들을 지도하는 그룹 멘토링 프로그램에 멘토로 지원했습니다. 멘토링 활동은 생각보다 쉽지 않았습니다. 누군가를 가르치고 조언하는 입장이 되어본 것은 처음이라 매번 고민의 연속이었습니다.

어느 날, 진솔이는 어린이들에게 해와 달이 등장하는 짧은 이야기를 각자 써보라고 했습니다. 아이들이 자판을 두드리며 글짓기를 하는 것을 둘러보고 있던 진솔이는 한 아이의 낌새가 어딘가 이상하다고 느껴졌습니다. 목을 빼고 자세히 관찰해보니 그 아이의 무릎에 『해와 달이 된 오누이』가 펼쳐진 채로 놓여 있었고, 아이는 모니터와 책을 번갈아 보며 책의 내용을 그대로 옮겨 적고 있었습니다. 진솔이는 너무 당황한 나머지 순간 비명을 지를 뻔했습니다.

'이것이 말로만 듣던 '표절'의 현장인가?'

표절이라는 개념만 알고 있었을 뿐 한 번도 그 사례를 접해본 적이 없었던 진솔이는, 더군다나 자기가 보는 앞에서 사뭇 당당하게 표절을 하고 있는 아이의 모습을 보고 머리가 핑 도는 듯했습니다. 지금 당장 무엇을 어떻게 해야 할지 결정하기 위해 재빨리 이런 생각 저런 생각을 해보았지만 뾰족한 답이 나오지 않았습니다. 심장이 콩닥거리고 있다는 것만 생생하게 느껴질 뿐이었습니다.

진솔이는 마침 가지고 있던 〈훌륭한 사람들 따라잡기〉를 주머니에 넣고, 화장실에 들어가 전원 버튼을 눌렀습니다. "초등학생, 표절." 찾을 수 없는 정보라는 알림이 떴습니다. "어린이, 표절." 이번에도 마찬가지였습니다.

'흐음. 훌륭한 사람들 1,000명 중에서 나와 같은 상황에 놓여 있던 사람은 아무도 없었나 보군. 하긴, 표절이 이슈가 된 것도 20세기 이후라고 들었으니, 아무래도 표본이 적을 수밖에 없겠네.'

이번에는 '표절'로만 검색해보았습니다. 위인 세 명의 홀로그램이 차례로 떴습니다. 첫 번째 위인은 본인이 고등학생 때 표절을 하려는 충동에 아주 잠시 휩싸였지만 심호흡 한 번 만에 그 충동을 물리칠 수 있었다고 말했습니다. '흐음….'

두 번째 위인은 유명 정치인의 과거 표절 사실을 알았을 때, 그 사실을 용기 있게 언론에 알렸다고 말했습니다. 세 번째 위인은 대학에서 강의를 맡았을 때, 표절한 학생에게 엄격하게 그 잘못을 지적하고 처벌했으나 다른 학생들 앞에서 공개적으로 망신을 주는 일은 삼갔다고 말했습니다.

'내 입장과 그나마 유사한 상황이 세 번째 위인이 말한 상황이기는 한데…. 이 행동을 그대로 따라 해도 괜찮을까?'

'어린이와 대학생 사이에는 분명 차이가 있는 것 같기는 한데….'

'아직 미성숙한 어린아이인데 잘못을 곧이곧대로 지적한다면 씻을 수 없는 상처를 받을지도 모르니, 그냥 눈감아주는 것이 좀 더 자비로운 처사이지 않을까?'

'그래도 아이에게 정직함이라는 덕목의 중요성을 일깨워주어야 하지 않을까?'

'정직함이라는 가치를 다른 아이들에게도 일깨워주기 위해서 모든 아이들 앞에서 잘못을 지적해야 하는 것은 아닐까?'

'내가 더 나은 사람이 되기 위해서, 또 이 아이가 더 나은 사람이 되는 것을 돕기 위해서 어떻게 해야 좋단 말인가?'

'지금 바로? 아니면 나중에?'

진솔이의 고민은 깊어져만 갔습니다

• • •

덕을 지니고 있는 것은 특정한 방식으로 느끼고, 욕구하고, 알아차리고, 선택하고, 행위하고, 반응하는 복합적인 능력을 갖추고 있는 것입니다. 예를 들어, 정직한 사람이란 어떤 경우에도 진실만을 말하는 사람이라고 말하는 것은 그리 적절하지 않을 수 있습니다. 왜냐하면 진실을 말하는 것에 별다른 가치를 부여하지 않고도 그저 타고난 기질에 따라 진실만을 말하는 경향이 있는 사람, 혹은 상황의 복잡성을 고려하지 않은 채 자동반사적으로 진실만을 말하는 사람을 정직한 사람이라고 평가하기는 어렵기 때문입니다.

그러면 정직한 사람이란 다음과 같은 사람이라고 보면 어떨까요? 진실을 말한다는 것에 가치를 부여하며, 진실을 말하기 어려운 순간의 곤란함을 잘 알아차리며, 그럼에도 진실을 보다 나은 방식으로 말하기 위해서 여러 세부 사항들을 적절히 고려할 수 있으며, 거짓된 말이나 행동을 저지르는 다른 이에게 적절하게 반응하는 사람이라고 말입니다. 달리 말해, 정직한 사람이란 정직함과 관련된 사고방식의 총체가 자신의 품성에 깊이 뿌리내리고 있는 사람이라고 봐도 좋습니다.

만일 덕을 이렇게 복합적인 사고방식의 총체로 이해한다면, 본보기가 될 만한 사람의 행동을 단순히 모방한다고 해서 덕 있는 사람이 되기는 어려울 것입니다. 게다가 우리 각자는 특수한 시공간적

맥락에 놓여 있기에 도덕적 상황은 각기 다른 방식으로 복잡할 수 있으며, 그러므로 완벽히 같은 상황에 놓인 롤모델을 찾는 데는 언제나 한계가 따를 것입니다.

하지만 상황이 조금씩 다르다고 하더라도, 우리는 귀감이 될 만한 사람들의 이야기에서 항상 많은 것을 배우고 있으며, 거기서 배운 것들이 우리 각자의 상황에서 종종 큰 도움이 된다는 것 또한 사실입니다. 따라서 덕 있는 사람들의 사고방식을 잘 이해하고 거기서 배운 것들을 나의 상황에 적절히 적용시키며 그러한 배움을 나의 품성으로 뿌리내리도록 하는 과정에는 항상 비판적인 추론과 사유의 과정이 동반될 수밖에 없습니다.

그래서 몇몇 덕 윤리 이론가들은 덕 있는 사람이 되기 위해 반드시 필요한 또 다른 덕목으로 실천적 지혜를 강조합니다. 실천적 지혜는 삶의 경험으로부터 얻을 수 있는 것으로, 인간이라는 존재의 전반적인 특성을 이해하고 특정 행동이 어떤 결과를 낳을지를 충분히 겪음으로써 기를 수 있습니다.

또한 실천적 지혜를 갖춘 사람은 구체적인 개별 상황에 대해 잘 이해하고 있습니다. 설령 도움이 필요한 사람을 도와야 한다는 것을 잘 알고 있고 기꺼운 마음으로 도울 수 있는 심성을 갖고 있다고 하더라도, 지금 이 순간 다른 사람의 어려움을 알아차리지 못하면 쓸모가 없을 것입니다. 뿐만 아니라 특정 상황에서 발휘해야 할 덕목이 용기인지, 자비인지, 정의로움인지를 판별해내기 위해서도 개별 상황에 대한 이해는 필수적입니다.

이 설명들이 다소 두루뭉술하다고 느껴질 수도 있습니다. 덕 윤리를 비판하는 몇몇 사람들은 덕 윤리가 성공적인 이론이 되려면 정확히 언제 정의로움을 우선시하고 정확히 언제 자비를 우선시해야 하는지 명확한 지침을 제공해야 한다고 주장합니다. 이를테면 우리는 종종 정의롭고자 하면 자비롭지 못하게 되고, 자비롭고자 하면 정의롭지 못하게 되는 상황, 요컨대 덕목들 사이의 충돌을 경험하곤 합니다. 이때 이 충돌을 어떻게 해결해야 하는지 그 지침을 덕 윤리가 제공해줄 수 있어야 한다는 것입니다.

그러나 덕 윤리 이론가들은 대체로 이러한 비판자들이 지나친 요구를 하고 있다고 응수합니다. 윤리 이론은 애초에 우리에게 세세한 지침까지 제공해줄 수 없다는 것입니다. 어떤 이론이 제공하는 구체적인 지침을 그대로 따르는 것은 오히려 윤리적인 삶을 사는 것과 다소 거리가 멀어 보이기도 합니다. 그렇다면 각자의 역량과 상황에 따라 충돌하는 덕목들 사이에서 균형을 잡아나가는 것은 윤리적인 삶을 살아나갈 나의 몫이라고 볼 수도 있지 않을까요?

더 얘기할 거리

1 멘토링 수업에서 책의 내용을 그대로 베끼고 있는 어린이를 보고 당황한 진솔이. 여러분이 진솔이의 입장이라면 어떻게 행동했을 것 같나요? 여러분이 중시하는 덕은 무엇인지 그리고 그것에 비추어볼 때 어떻게 행동하는 것이 바람직한지 이야기해봅시다. 진솔이가 처한 상황이 조금 복잡한 상황이라는 점을 감안해볼 때 이러한 복잡한 상황에 잘 대처하는 방식에 어떤 것들이 있을까요?

2 여러분은 어떤 사람이 되고 싶나요? 여러분이 생각하기에 진솔이가 입학 선물로 받은 〈훌륭한 사람들 따라잡기〉는 여러분이 되고 싶은 사람이 되는 데 도움이 될까요? 똑같은 장치가 실제로 있다면 가지고 싶을 것 같나요?

3 앞 절의 토론 질문에서 우리는 덕의 목록을 작성해보았습니다. 이들 세부적인 덕들 사이의 충돌이 생겨나는 구체적인 상황들을 상상해봅시다. 이러한 충돌들은 어떤 것은 심각하고 어떤 것은 심각하지 않을 수 있습니다. 그런 다음 덕 있는 사람이 각각의 상황들에서 어떻게 행동할지 생각해봅시다. 이러한 어려운 경우들에서 보다 나은 행동을 하는 데 도움을 줄 수 있는 또 다른 상위의 덕이 과연 있는지도 생각해봅시다.

진정한 용기란?

더불어 살기와 덕 윤리

윤우는 눈물이 많은 편입니다. 윤우는 특히 다른 존재의 고통에 민감합니다. 친구가 넘어져 무릎이 까졌을 때도 윤우가 먼저 울었고, 길을 걷다 다리를 다친 비둘기를 보았을 때도 울었습니다. 윤우는 같은 반 친구가 따돌림을 견디고 있을 때도 다른 친구들이 보지 않는 데서 그 친구를 세심하게 챙겨주곤 했습니다. 부모님은 윤우가 작은 일들에도 쉽게 상처를 받고 우울해질까 봐, 매일 같이 일어나는 슬픈 일들이 윤우에게는 감당하지 못하는 아픔이 될까 봐 늘 걱정했습니다. 윤우도 자신의 이러한 성격을 잘 알고 있었습니다.

어느 날 윤우는 옆 반 친구가 골목길에서 한 무리의 사람들에게 둘러싸여 괴롭힘을 당하는 모습을 보았습니다. 윤우는 심장이 철렁 내려앉았지만 눈에 띄는 행동을 하지 않으려고 얼른 발걸음을 돌렸습니다. 친구가 걱정되어 집으로 가는 발걸음이 무거웠지만, 겁이 너무 많이 났기 때문이었습니다.

윤우는 일기를 쓰는 시간을 가장 좋아합니다. 감정을 풀어내기도 하고 오늘 있었던 일들을 돌아보기도 하며 하루를 마무리하는 건 윤우의 오래된 습관이었습니다. 친구를 외면하고 발걸음을 돌렸던 그날, 윤우는 평소보다 더 오래 일기장을 붙들고 있었습니다. 윤우는 자신이 너무 한심하고 미웠습니다. 친구가 그 상황에서 어떤 느낌이었을지 상상하는 건 어렵지 않았고, 친구를 돕고 싶은 마음은 굴뚝같았던 것이 떠올랐습니다.

하지만 자신에게는 그 친구를 실제로 도울 수 있는 용기가 너무 부족했습니다. '초능력이라도 있었으면 좋았을 텐데!' 윤우는 눈에 띄지 않는 투명인간이 되어 친구를 괴롭히는 무리를 혼내주는 상상을 했습니다. 그러나 그건 판타지에 불과하다는 것을 윤우도 잘 알고 있었습니다. 아무리 생각해도 답은 하나였습니다. 초능력이 없을지언정 다음에 비슷한 상황을 마주한다면 친구를 위해 위험을 감수할 줄 아는 용기 있는 사람이 되어야 했습니다.

윤우는 용기 있는 사람이 되기 위한 첫 발을 내딛는 의미에서 우선 헌혈부터 해보기로 했습니다. 남달리 무서워하던 주삿바늘부터 극복하기 위해서였습니다. 다음으로 매일 30분씩 강변을 달리기로 했습니다. 체력을 키우면 마음도 단단해질 것 같았기 때문입니다.

그다음은 실전 연습이었습니다. 실제로 용기를 발휘해야 할 상황에서 자신을 테스트해보기로 했습니다. 윤우는 하굣길에 한 시간씩 골목길을 순찰하기 시작했습니다. 매번 심장이 곤두박질쳤지만 아직 포기하긴 이르다고 되뇌었습니다.

골목길을 배회하던 어느 날, 어린아이가 아파하며 넘어져 있는 것이 윤우의 눈에 띄었습니다. 계단에서 넘어져 다리를 다친 모양이었습니다. 윤우는 이때다 싶어 아이에게 달려가 아이를 등에 업고, 택시를 세워 응급실로 가달라고 했습니다. 아이가 치료받는 동안 윤우는 아이의 핸드폰으로 보호자에게 연락했습니다. 아이의 보호자는 놀란 목소리로 곧바로 병원으로 가겠다고 했습니다.

한숨 돌리고 나자 윤우는 뛸 듯이 기뻤습니다. 용기 있는 사람이 되기 위한 자신의 노력이 빛을 발한 것 같았기 때문입니다.

"드디어 해냈어! 야호!"

윤우가 기쁨을 이기지 못하고 소리치자, 병원 침대에 누워 겨우 잠들어 있던 아이가 놀라서 깨어났습니다.

그리고 아이는 다시 울기 시작했습니다.

• • •

덕 윤리는 개개인으로 하여금 자신이 처한 환경 속에서 부단히 자신을 반성함으로써 더 나은 사람이 될 것을 요구합니다. 이러한 요구는 타율적이고 강압적인 것이라기보다는, 우리의 마음속에서 발견할 수 있는 더 나은 사람이 되고자 하는 열망, 더 나은 사람이 됨으로써 더 잘 살고 싶다는 열망에 부응하라는 요구입니다.

덕 윤리는 사람의 품성이 좋은 쪽으로 변화해나갈 수 있다는 사실에 주목합니다. 사람의 성격이 계속해서 바뀔 수 있다는 점에 주목한다면, 덕 윤리는 덕을 충분히 갖추지 못한 사람을 가혹하게 평가하기 위해서가 아니라, 개개인이 현재의 실수로부터 깨달음을 얻고 더 나은 사람이 되는 방향으로 변화하도록 독려하는 차원에서 덕을 강조한다고 볼 수 있습니다.

그런데 어떤 사람들은 덕 윤리가 지나치게 자기중심적이라고 비판할지도 모릅니다. 오직 보편적인 원칙에 따르기 위해서 타인을 돕는 행동이 도덕의 관점에서 어딘가 부족해 보이는 것처럼, 내가 덕 있는 사람이 되기 위해 타인을 돕는다면 이는 타인을 진심으로 위한다기보다는 궁극적으로 나 자신의 도덕적 완성을 위한 것처럼 보일 수도 있습니다. 어떤 훌륭한 사람이 화재가 난 건물에서 미처 빠져나오지 못한 어린아이가 도움을 구하고 있는 것을 목격했다고 가정해봅시다. 훌륭한 사람은 어린아이를 보자마자 어린아이를 구하려고 위험을 감수하는 용기를 발휘할 것입니다. 이 사람이 평소에 용기 있는 사람이 되기 위해 부단히 의식적인 노력을 기울이고 있었다는 가정을 더해봅시다. 그런데 이 사람이 용기 있는 사람이 되기 위한 목적을 가지고 용기를 함양하였으며, 그로 인해 지니게 된 용기라는 덕에 따라 행동했다는 이유에서 이 사람이 다소간에 자기중심적이라고 말할 수 있을까요?

덕 윤리 이론가들은 이 같은 비판에 대해 다음과 같이 답변할 수 있습니다. 오직 용기라는 덕을 함양하고 발휘하기 위해서만 어린아이를 구했다면 이는 진정으로 용기 있는 것과는 거리가 멀다고 말입니다. 마찬가지로 수학을 어려워하는 학생이 더디게 배우고 실수하는 것을 기다려주는 선생님의 인내심 있는 행동들이, 단지 인내심을 기르겠다는 목적으로 행해진 것이라면 그것은 진정한 인내의 발휘라고 보기 어려워 보입니다.

진정한 용기는 어린아이가 위험에 처한 상황에서 어린아이를 위해 용기 있는 방식으로 행동할 수 있도록 해주는 것이며, 진정한 인내는 실수하면서 배워나가는 학생을 위해 인내심 있는 방식으로 행동할 수 있게 해주는 것입니다. 다시 말해, 진정으로 용기 있는 사람, 진정으로 인내심 있는 사람은 용기나 인내 자체를 목표로 삼은 사람이라기보다는, 용기 있는 방식으로 또는 인내심 있는 방식으로 느끼고, 생각하고, 행동하는 사람입니다.

몇몇 덕 윤리 이론가들은 덕이 개개인이 함양해야 할 품성이라고 하더라도 덕은 항상 다른 사람과 함께 살아가야만 하는 조건에서 요구되는 것임을 잊어서는 안 된다고 주장합니다. 따라서 진정으로 덕 있는 사람은 사회적이고 정치적인 상황들에도 항상 관심을 가지고 있을 것이라고 보는 것이 자연스럽습니다. 우리가 더불어 살아가는 존재라고 할 때, 사회적이고 정치적인 차원에서 벌어지는 일들은 언제나 우리의 도덕적 삶에 영향을 미치기 때문입니다.

이처럼 덕 윤리는 개인적인 성공을 위해 자신의 능력을 갈고 닦아야만 한다는 자기 계발의 논리와는 다릅니다. 다른 사람들과 더불어 잘 살기 위해서 어떤 사람이 되어야 하는지에 관심을 가지고 실천적 지혜를 쌓아나간다면, 누구나 자신의 자리에서 진정한 의미의 '훌륭한 사람'이 될 수 있지 않을까요?

더 얘기할 거리

1. 용기라는 덕을 기르기 위해 부단히 노력한 윤우. 이야기 속에서 윤우의 '용기 기르기 프로젝트'는 성공적이라고 평가할 수 있을까요?

2. 인내심이 없는 사람도 인내심 있는 행동을 할 수 있을까요? 그럴 수 있다고 생각한다면 인내심이 없는 사람의 행동이 어떤 의미에서 인내심 있는 행동일 수 있을까요? 그럴 수 없다고 생각한다면 아직 인내심이 있는 사람은 아니지만 인내심이 있는 사람이 되는 것은 어떻게 가능할까요?

3. 앞서 살펴봤듯이, 어떤 덕 윤리 이론가들은 덕이라는 것이 항상 다른 사람들과 더불어 살아간다는 조건하에서 요구된다는 점을 강조합니다. 그러면 다른 사람들로부터 떨어져 무인도에서 혼자 살아나가야만 하는 사람이 덕 있는 사람이 되는 것은 가능할까요?

우선 이 책을 읽으며 좋은 삶, 옳은 삶에 대해 함께 고민해주셔서 감사합니다.

책에서 고민의 답을 찾기 어렵다고 느꼈을 것입니다. 저자들도 이를 알고 있습니다. 그러나 무리해서 답을 제시하지 않고 '답안지'를 열려 있는 상태로 놓아두었습니다. 사안에 따라 저자 개인의 입장이 없는 것은 아니었지만, 그 입장을 답으로 제시하는 일은 피했습니다. 한 사람의 생각이 전체를 대표한다고 볼 수도 없고, 또 특정 사안에 대해서만 어떤 저자의 입장을 개진하는 것이 어색하게 느껴졌기 때문입니다.

그럼에도 답이 있을 경우엔 바로 알려주면 좋았을 것이라고 생각하는 독자도 있을 것입니다. 그 마음 이해합니다. 그러나 답안을 작성하지 않은 또 다른 중요한 이유가 있습니다. 답을 찾는 일은 각자의 몫이라고 생각하기 때문입니다. 이 생각만큼은 네 저자 모두 동의합니다. 누군가 내려주는 답보다 자신에게 맞는, 자신이 결정하는 답이 중요하다고 생각합니다. 왜 그럴까요?

가치와 윤리의 문제는 남에게 맡기기에는 우리 삶에서 차지하는 비중이 너무 큽니다. 가치와 윤리는 나를 규정짓는 중요한 요소입니다. 특히 이런 책을 굳이 찾아서 읽은 독자라면 더더욱 그렇습니다. 돈을 많이 버는 방법이나 좋은 여행지를 소개하는 등 다양한 주제의 책이 많이 쏟아져 나오고 있는 상황에서 여러분은 무슨 이유에선가 보다 좋은 삶, 바른 삶을 궁금해했습니다. 그런 궁금함을 가진 분이 과연 자신의 가치와 정체성을 타인에게 맡길까요?

맡길 수도 있습니다. 그러나 만약 맡긴다면 이렇게 맡기는 결정 역시 스스로가 해야 합니다. "책도 다 읽었고 생각도 오래 해보았는데, 나는 정말 잘 모르겠으니 당신이 알아서 해주세요"라고. 이렇게 구체적으로 표현하고 나니 남에게 판단을 맡겨도 될지 조금 주저되지요? 판단을 위임받은 사람이 옳지 않은 일을 권하더라도 그대로 따르겠습니까? 이 경우에도 결국 내가 그를 얼마나 신뢰할 수 있는지 판단을 내려야만 합니다. 위임 역시 주체적이어야 한다는 사실이 드러납니다. 자기 결정은 윤리적 존재의 특권이자 의무입니다.

물론 결정에 앞서 도움을 받을 수 있습니다. 이 책은 그런 도움을 주기 위해 기획되었습니다. 모든 인간은 도움을 필요로 합니다. 처음부터 윤리적 판단에 능숙한 사람은 없습니다. 다행히 우리에게는 많은 윤리 선배, 철학 선배가 있습니다. 책의 참고문헌 목록에 등장하는 철학자들을 비롯하여 지난 2500여 년간 먼저 고민을 한 동서양의 철학자들이 전 세계에 자신의 발자취를 남겨놓았습니다. 우리는 그들의 뒤를 쫓으며, 혹은 그 어깨 위에 서서 이제 자기 결정을 하려고 합니다.

이 책은 자기 결정을 강조하고 있습니다. 왜 이렇게 강조를 할까요? 우리가 규정되는 방식은 크게 두 가지입니다. 밖으로부터 오는 외적 규정과 자기 안에서 내리는 내적 규정입니다. 보통은 외적 규정에서 시작됩니다. 우리는 자립하기 전에는 의존적입니다. 자기를 만들어가려고 해도 무엇을 해야 하는지 모르지요. 또 스스로 할 수 있는 것도 많지 않습니다. 그래서 부모님, 가족, 선생님, 선배 등에게 의존해서 이들이 하라는 대로 자신을 만들어갑니다. 이들은 우리를 사랑하기에, 인류의 지혜를 모아 누구나 가지고 있으면 도움이 되는 능력을 키워주려고 노력합니다. 그러나 우리 모두는 언젠가 자립해야 하고, 자기에게 고유한 것들을 찾아야 합니다. 우리는 각자가 고유하기 때문입니다.

아무리 비슷해도 다른 사람과 똑같을 수 없습니다. 그리고 이 차이는 아무리 작더라도 우리를 각자 우리로 만들어줍니다. 제 가족 중 다른 사람들은 모두 물냉면을 좋아하지만 저는 비빔냉면이 좋습니다. 사소한 차이지만, 이런 차이가 중요합니다. 냉면집에서 일괄적으로 물냉면만 시키면 얼마나 속상하겠습니까? 냉면 같은 음식만이 아닙니다. 엄청나게 많은 사안에서 우리에게는 크고 작은 생각의 차이가 있고, 나는 내가 어떤지를 알아나가야 합니다. 이 일이 바로 자기에게 잘 맞는 고유한 자신의 정체성을 찾고 만들어가는 일입니다. 그리고 그 가운데 핵심 요소가 가치와 윤리입니다. 서두에서 얘기했듯이 가치와 윤리는 우리 삶의 엔진이기 때문입니다.

책을 마치며 두 가지 말씀만 더 드릴까 합니다. 먼저 잘못된 결정을 너무 두려워하지 말라는 당부입니다. 틀릴 수 있고, 틀리게 마련입니다. 안타까운 일이지만 성자(聖者)의 판단력을 가진 사람은 드물고, 심지어 성자도 잘못된 가치 판단을 내릴 수 있습니다. 잘못으로 인해 누군가가 해를 입었다면 사과를 하면 됩니다. 어찌 보면 성스러움은 사과를 주저하지 않는 것이 아닐까요. 잘못됨이 두려워 결정을 위임할까 염려되어 드리는 말씀입니다. 우여곡절이 있어도 계속 고민하면서 바르게 살려고 하면 큰 윤리적 과오 없이 살 수 있을 것이라 생각합니다. 인간에게 이 정도의 여유는 주어지는 것 같습니다. 그리고 이 과정 속에서 자기 자신이 드러나며 자신이 만들어집니다.

두 번째는 자기 결정이 중요하다고는 했지만, 스스로가 정하면 그것이 바로 정답은 아니라는 것입니다. 내가 정한 답이 잘못된 것일 수 있습니다. 또 곰곰이 따져본 후 가치 사실 역시 객관적이라는 판단을 내릴 수도 있습니다. 이런 면에서 제가 말씀드리고 싶은 자기 결정의 의미는 "내가 정한다"라는 뜻보다는 "내가 스스로 생각해 본다"라는 의미가 더 강합니다. 자기 결정에서 핵심은 스스로 생각을 해보는 일입니다. 사실 모든 철학자가 공통적으로 권하는 바가 있다면 바로 이렇게 스스로 생각해보는 일, 그리고 그 결과를 다른 이와 나누는 일입니다. 철학자가 하는 일도 결국 이 일입니다. 스스로 생각을 해서 글을 쓰고, 그 글을 주변과 나누며 서로의 생각을 알아보는 것입니다. 길고 멀게 느껴져도 이 과정이 좋은 삶을 위해 가장 좋은 길이 아닐까 합니다. 『좋은 삶을 위한 가치 수업』은 이 길의 첫 출발을 함께하고자 했습니다.

1장

『도덕 철학의 기초』, 제임스 레이첼스 지음, 노혜련·김기덕·박소영 옮김, 나눔의집, 2006.

『메타윤리』, 피터 싱어 엮음, 김성환·김성호·소병철·이병철 옮김, 철학과현실사, 2006.

Metz, Thaddeus, "The Meaning of Life", *The Stanford Encyclopedia of Philosophy* (Summer 2013 Edition), Edward N. Zalta (ed.).

Schroeder, Mark, "Value Theory", *The Stanford Encyclopedia of Philosophy* (Fall 2016 Edition), Edward N. Zalta (ed.).

Zimmerman, Michael J. and Ben Bradley, "Intrinsic vs. Extrinsic Value", *The Stanford Encyclopedia of Philosophy* (Spring 2019 Edition), Edward N. Zalta (ed.).

2장

Kane, R. (1998) *The Significance of Free Will.* Oxford University Press.

O'Connor, T. and Franklin, C. "Free will", *The Stanford Encyclopedia of Philosophy* (Fall 2020 Edition), Edward N. Zalta (ed.).

3장

Baier, Kurt, "Egoism", *A Companion to Ethics*, Peter Singer (ed.), Blackwell. 1991. pp.197-204.

Kraut, Richard, "Altruism", *The Stanford Encyclopedia of Philosophy* (Fall 2020 Edition), Edward N. Zalta (ed.).

Rachels, James, and Stuart Rachels. *The Elements of Moral Philosophy*. Philadelphia: Temple University Press, 1986.

Shafer-Landau, Russ. *The Fundamentals of Ethics*. Oxford: Oxford University Press, 2012.

Shaver, Robert, "Egoism", *The Stanford Encyclopedia of Philosophy* (Spring 2019 Edition), Edward N. Zalta (ed.).

Washburn, Phil. *Philosophical Dilemmas: A Pro and Con Introduction to the Major Questions*. Oxford University Press. 2007.

4장

Sinnot-Armstrong, W. "Consequentialism", *The Stanford Encyclopedia of Philosophy* (Fall 2021 Edition), Edward N. Zalta (ed.).

Alexander, Larry and Michael Moore, "Deontological Ethics", *The Stanford Encyclopedia of Philosophy* (Summer 2021 Edition), Edward N. Zalta (ed.).

5장

『도덕 철학의 기초』, 제임스 레이첼스 지음, 노혜련·김기덕·박소영 옮김, 나눔의집, 2006.

『목적의 왕국』, 크리스틴 M. 코스가드 지음, 김양현·강현정 옮김, 철학과현실사, 2007.

『윤리형이상학 정초』, 임마누엘 칸트, 백종현 옮김, 아카넷, 2005.

『호모 에티쿠스』, 김상봉 지음, 한길사, 1999.

Alexander, Larry and Michael Moore, “Deontological Ethics”, *The Stanford Encyclopedia of Philosophy* (Summer 2021 Edition), Edward N. Zalta (ed.).

Sinnott-Armstrong, Walter, “Consequentialism”, *The Stanford Encyclopedia of Philosophy* (Fall 2021 Edition), Edward N. Zalta (ed.).

6장

아리스토텔레스. 『니코마코스 윤리학』. 김재홍, 강상진, 이창우 번역. 도서출판길. 2011.

Annas, Julia. *Intelligent Virtue*. Oxford University Press, 2011.

Hursthouse, Rosalind and Glen Pettigrove, “Virtue Ethics”, *The Stanford Encyclopedia of Philosophy* (Winter 2018 Edition), Edward N. Zalta (ed.).

Shafer-Landau, Russ. *The Fundamentals of Ethics*. Oxford: Oxford University Press, 2012.

Rachels, James, and Stuart Rachels. *The Elements of Moral Philosophy*. Philadelphia: Temple University Press, 1986.

Wall, Thomas F. *Thinking Critically about Moral Problems*. Wadsworth. 2003.

좋은 삶을 위한 가치 수업

1판 1쇄 2023년 2월 15일
1판 3쇄 2024년 4월 24일

지은이 이석재 김재헌 오아론 조민수
기획 서울대학교 행복연구센터 가치 교과서 연구팀
펴낸이 김정순
편집 장준오 허영수
디자인 이강효
일러스트 선유
마케팅 이보민 양혜림 손아영

펴낸곳 (주)북하우스 퍼블리셔스
출판등록 1997년 9월 23일 제406-2003-055호
주소 04043 서울시 마포구 양화로 12길 16-9(서교동 북앤빌딩)
전자우편 editor@bookhouse.co.kr
홈페이지 www.bookhouse.co.kr
전화번호 02-3144-3123
팩스 02-3144-3121

ISBN 979-11-6405-190-8 03190

*본 저서는 재단법인 플라톤아카데미의 '인생교과서 연구 지원사업'의 연구 결과물로 출간되었습니다.